AF355053

Juan Francisco Cara Muñoz

José Alberto Martínez Sánchez

LOS JUEGOS TRADICIONALES Y POPULARES DE ANDALUCÍA

como herramienta para el desarrollo

DE LA COMPETENCIA MATEMÁTICA

©Copyright: Juan Francisco Cara Muñoz y José Alberto Martínez Sánchez
©Copyright: De la presente Edición, Año 2020 WANCEULEN EDITORIAL

Título: LOS JUEGOS TRADICIONALES Y POPULARES DE ANDALUCÍA COMO HERRAMIENTA PARA EL DESARROLLO DE LA COMPETENCIA MATEMÁTICA

Autores: Juan Francisco Cara Muñoz y José Alberto Martínez Sánchez

Editorial: WANCEULEN EDITORIAL
Sello Editorial: WANCEULEN EDUCACIÓN

ISBN (Papel): 978-84-18262-50-0
ISBN (Ebook): 978-84-18262-51-7

DEPÓSITO LEGAL: SE 812-2020

Impreso en España. 2020

WANCEULEN S.L.
C/ Cristo del Desamparo y Abandono, 56 - 41006 Sevilla
Dirección web: www.wanceuleneditorial.com y www.wanceulen.com
Email: info@wanceuleneditorial.com

Reservados todos los derechos. Queda prohibido reproducir, almacenar en sistemas de recuperación de la información y transmitir parte alguna de esta publicación, cualquiera que sea el medio empleado (electrónico, mecánico, fotocopia, impresión, grabación, etc.), sin el permiso de los titulares de los derechos de propiedad intelectual. Cualquier forma de reproducción, distribución, comunicación pública o transformación de esta obra solo puede ser realizada con la autorización de sus titulares, salvo excepción prevista por la ley. Diríjase a CEDRO (Centro Español de Derechos Reprográficos, www.cedro.org) si necesita fotocopiar o escanear algún fragmento de esta obra.

AGRADECIMIENTOS

A nuestros familiares y amigos,
gracias por estar siempre ahí,
por ayudarnos en cada momento,
por todo vuestro cariño y apoyo.

A nuestros alumnos, compañeros y profesores,
gracias por todo lo que nos habéis ayudado a crecer.

A nuestro profesor y amigo Julio,
gracias por guiarnos en este proyecto.

ÍNDICE

PRÓLOGO 13

1. INTRODUCCIÓN 17

2. JUSTIFICACIÓN 21

3. MARCO TEÓRICO 27

   3.1. CONCEPTOS 27

      3.1.1. CONCEPTO DE JUEGO 27

      3.1.2. CONCEPTO DE JUEGO TRADICIONAL/POPULAR 29

   3.2. CARACTERÍSTICAS 30

   3.3. CLASIFICACIONES 33

   3.4. VALOR CULTURAL Y EDUCATIVO 40

      3.4.1. VALOR CULTURAL 40

      3.4.2. VALOR EDUCATIVO 42

4. MARCO CURRICULAR 49

   4.1. CARACTERÍSTICAS PSICOEVOLUTIVAS 49

   4.2. COMPETENCIAS CLAVE 50

   4.3. OBJETIVOS GENERALES DE ETAPA 50

   4.4. OBJETIVOS DE MATERIA 52

   4.5. CONTENIDOS 55

      4.5.1. CONTENIDOS DE 1º DE EDUCACIÓN SECUNDARIA OBLIGATORIA 57

      4.5.2. CONTENIDOS DE 6º DE PRIMARIA Y 2º DE EDUCACIÓN

            SECUNDARIA OBLIGATORIA 62

5. BATERÍA DE JUEGOS COMO RECURSO DIDÁCTICO 65

6. ELEMENTOS TRANSVERSALES 97

   6.1. EDUCACIÓN EN VALORES 97

   6.2. CULTURA ANDALUZA 98

   6.3. ACTIVIDADES PARA EL FOMENTO DE LA LECTURA 98

   6.4. ACTIVIDADES PARA EL FOMENTO DE LAS TIC 99

7. PROPUESTA METODOLÓGICA 101

8. PROPUESTA DE EVALUACIÓN 105

9. PROPUESTA DE ACTIVIDADES COMPLEMENTARIAS Y EXTRAESCOLARES 113

10. CONCLUSIÓN 115

11. REFERENCIAS BIBLIOGRÁFICAS 117

12. ANEXOS 125

ÍNDICE DE TABLAS

Tabla 1. Características de los juegos tradicionales y populares (Mendoza, 2017)...........32

Tabla 2. Aporte didáctico del juego del Elástico (Mendoza, 2017) 44

Tabla 3. Aporte didáctico del juego de las Canicas (Mendoza, 2017) 45

Tabla 4. Aporte didáctico del juego de la Rayuela (Mendoza, 2017)....................................45

Tabla 5. Características psicoevolutivas del alumnado de 1º de ESO (Coll, Palacios y Marchesi, 2001) 49

Tabla 6. Competencias clave 50

Tabla 7. Objetivos Generales de Etapa de la Educación Secundaria Obligatoria.................50

Tabla 8. Objetivos Generales de Etapa (Decreto 111/2016) 51

Tabla 9. Objetivos Generales de Materia de Educación Física...51

Tabla 10. Objetivos Generales de Materia de Matemáticas 54

Tabla 11. Bloque de Juegos y Deportes (1º de ESO) 55

Tabla 12. Bloque de Juegos y Deportes (2º de ESO) 56

Tabla 13. Bloque de Juegos y Deportes (3º de ESO) 56

Tabla 14. Bloque de Juegos y Deportes (4º de ESO) 57

Tabla 15. Bloque de Juegos populares y tradicionales en los distintos cursos...57

Tabla 16. Aplicación práctica contenidos 1º ESO (Bloque Condición Física y Motriz)......58

Tabla 17. Aplicación práctica contenidos 1º ESO (Bloque Juegos y Deportes).................58

Tabla 18. Aplicación práctica contenidos 1º ESO (Bloque Expresión Corporal).................59

Tabla 19. Aplicación práctica contenidos 1º ESO (Bloque Actividades Físicas en el Medio Natural) 59

Tabla 20. Bloque 1. Procesos, métodos, y actitudes en matemáticas.................................60

Tabla 21. Bloque 2. Números y Álgebra 61

Tabla 22. Bloque 3. Geometría. 61

Tabla 23. Bloque 4. Funciones..62

Tabla 24. Bloque 5. Estadística y probabilidad 62

Tabla 25. Bloques de contenidos de Educación Física de 6º de Primaria. 62

Tabla 26. Aplicación práctica contenidos 2º de ESO (Bloque Juegos y Deportes)..............63

Tabla 27. Aplicación práctica contenidos 2º ESO (Bloque Expresión Corporal).................64

Tabla 28. Aplicación práctica contenidos 2º ESO (Bloque Actividades Físicas en el Medio Natural) 64

Tabla 29. Criterios de Evaluación de Educación Física para 1º ESO...................................106

Tabla 30. Criterios de Evaluación Matemáticas para 1º de ESO (Bloque 1).....................107

Tabla 31. Criterios de Evaluación Matemáticas para 1º de ESO (Bloque 2).....................108

Tabla 32. Criterios de Evaluación Matemáticas para 1º de ESO (Bloque 3).....................108

Tabla 33. Criterios de Evaluación Matemáticas para 1º de ESO (Bloque 4).....................109

Tabla 34. Criterios de Evaluación Matemáticas para 1º de ESO (Bloque 5).....................109

Tabla 35. Instrumento para evaluar el juego del matar (Rúbrica).....................................111

Tabla 36. Instrumento para evaluar el juego de la comba (Lista de control) 111

Tabla 37. Instrumento para evaluar el juego de carrera de relevos
(Registro Anecdótico) 112
Tabla 38. Diferencias entre actividades complementarias y extraescolares 113
Tabla 39. Propuestas de actividades complementarias y extraescolares 114

ÍNDICE DE FIGURAS

Figura 1. Ejemplo de juegos tradicionales y populares por Comunidad Autónoma
(García Serrano, 1974) 35
Figura 2. Clasificación juegos populares y tradicionales (Moreno Palos, 1993) 39

ABREVIATURAS

EF: Educación Física.

ESO: Educación Secundaria Obligatoria.

UNESCO: Organización de las Naciones Unidas para la Educación, la Ciencia y la Cultura.

SYCV: Salud y Calidad de Vida.

CFYM: Condición Física y Motriz.

JYD: Juegos y Deportes.

EC: Expresión Corporal.

AFMN: Actividades Físicas en el Medio Natural.

CCL: Competencia Lingüística.

CMCT: Competencia Matemática y Competencias Básicas en Ciencia y Tecnología.

CD: Competencia Digital.

CAA: Competencia Aprender a Aprender.

CSC: Competencias Sociales y Cívicas.

SIEP: Sentido de la Iniciativa y Espíritu Emprendedor.

CEC: Conciencia y Expresiones Culturales.

UDI: Unidad Didáctica Integrada.

TIC: Tecnologías de la Información y la Comunicación.

Nota aclaratoria

Para facilitar la lectura de este manual, cuando nombramos a: niño; alumno; profesor; jugador; etc., y como criterio coeducativo, aludimos igualmente al sexo femenino. A su vez, al tratarse de contenidos aplicables en diferentes ámbitos como son: iniciación deportiva, entrenamiento deportivo, enseñanza, recreación, campamentos, etc.; al referirnos tanto al sujeto que enseña, como al discente, en el modo de describir a las partes implicadas englobamos a: tutor, dinamizador, entrenador, monitor, animador, profesor, docente, atleta, alumno, jugador, etc.

En la mayoría de las ocasiones que utilizamos los términos genéricos "abuelo", "hijo", "padre", "hermano", "profesores", "estudiante", "participante"... nos estamos refiriendo indistintamente a ciudadana y ciudadano, hijas e hijos, madre y padre, profesoras y profesores... siempre que no indiquemos de forma específica lo contrario. En nuestro continuo esfuerzo por utilizar un lenguaje no sexista nos situamos a menudo ante el dilema de estar continuamente señalando esta diferencia, utilizar el signo @, o realizar esta aclaración previa que, creemos, permite una mayor fluidez en la lectura. En el presente libro, hemos optado por esta última opción.

PRÓLOGO

Redactar un prólogo es señal indudable de la consumación de un trabajo bien realizado y de una trayectoria académica envidiable por parte de los autores. En este caso, Juan Francisco y José Alberto, antiguos alumnos de la Facultad del Deporte de la Universidad Pablo de Olavide, y ahora profesores, compañeros y amigos, me pidieron que aportara a modo de prólogo una reseña a su obra, lo cual no dudé un instante ante dicha petición.

Este libro titulado **LOS JUEGOS TRADICIONALES Y POPULARES DE ANDALUCÍA COMO HERRAMIENTA PARA EL DESARROLLO DE LA COMPETENCIA MATEMÁTICA** viene avalado por un excelente marco teórico estructurado en diferentes Capítulos o Bloques de Contenidos, donde se abarca el Juego Tradicional, las Matemáticas y la Educación Física, así como unas interesantes referencias legislativas de las áreas anteriormente citadas, y finaliza con unas referencias bibliográficas bastante rigurosas y actualizadas. Al pasar las páginas de este libro, vemos como los autores introducen sesiones prácticas de las actividades lúdicas planteadas, que ayudan claramente de forma icónica a la comprensión del texto presentado, atendiendo a la conocida frase: "una imagen vale más que mil palabras". Es de destacar los Anexos aportados en este documento, los cuales son clarificadores y atractivos para el lector.

Actualmente, existen una gran cantidad de publicaciones relacionadas con el juego y es tal la abundancia que incluso podemos encontrar dentro de ese entorno, una alta especialización. *Libros de juegos infantiles, de juegos tradicionales de adultos, de juegos alternativos, juegos deportivos antiguos y modernos, juegos recreativos, juegos cooperativos, juegos de habilidad y de ingenio, juegos con materiales de desecho, taller de construcción de juegos, juegos al aire libre, juegos para días de fiestas, juegos aplicados a la alta competición o juegos aplicados a programas de rehabilitación funcional.*

En cambio, el número de publicaciones de carácter lúdico vinculadas a otras áreas del conocimiento, no proliferan mucho, y por tanto en palabras de los propios autores lo que se pretende con este libro es que la EF y las Matemáticas deberían ir de la mano para mejorar, involucrar, motivar, estimular y beneficiar a nuestros alumnos y alumnas. El nexo de unión que se ha elegido en este caso, han sido los juegos populares y tradicionales andaluces; donde los autores se centran en el primer curso de la ESO por competencias curriculares directas y que han sido plasmadas en el apartado correspondiente. Por otra parte, si a este trabajo interdisciplinar le unimos la vertiente lúdica, el juego, los beneficios para el alumnado se potencian de manera notoria. Es por ello que, resulta primordial el trasladar a la comunidad educativa el gran potencial que tiene la interconexión entre ambas áreas.

Desarrollar un proyecto interdisciplinar, en el que se combinan contenidos propios de asignaturas como Matemáticas y Educación Física (Juegos Tradicionales), no es una tarea sencilla, pero en este caso los autores acometen esta propuesta de forma brillante y magistral, mediante actividades prácticas y lúdicas, bajo una perspectiva justificada, basada en el marco curricular y legislativo, prescrito por la administración educativa. Esta relación, hace que de una forma natural se pueda emplear el juego tradicional como un recurso pedagógico en un proceso de enseñanza aprendizaje de las Matemáticas con un planteamiento motivador, estimulante y relevante para el alumnado. Se trata por tanto de un documento didáctico que pretende combinar actividades significativas, jugadas y motivantes a través del área de Educación Física, que posibilitan poner en práctica conocimientos y/o competencias propias del área de Matemáticas.

Como indica Edel (2013), en el caso concreto de los niños y niñas prepúberes, la actividad física estimula su crecimiento, desarrollo y maduración, y potencia el desarrollo cognitivo, del que depende, en gran medida, el rendimiento académico, considerándose como una variable fundamental de la actividad docente. El aprendizaje escolar conlleva una transformación en el alumnado, que se consigue con la integración de actitudes, capacidades, habilidades y conocimientos teóricos, que a veces no son medibles, pero que son determinantes para la vida futura, el bienestar y la calidad de vida del niño, y esa debería ser la finalidad de cada aprendizaje. Dicho autor añade que el rendimiento escolar es resultado del complejo mundo en el que se desenvuelve el discente, así que, además de sus aptitudes, capacidades y personalidad, inciden en él su comunidad, familia, amistades, realidad escolar, tipo de colegio, relaciones con el profesorado y compañeros, métodos docentes, por lo que su análisis se torna complejo y con múltiples interacciones.

Numerosos autores recomiendan que la enseñanza de las matemáticas debería incorporar actividades lúdicas en el aula. Alsina (2001), se muestra favorable a la utilización del juego como recurso pedagógico en la clase de Matemáticas, ya que además del componente lúdico y motivacional que ofrece a los alumnos, permite la resolución simbólica de problemas, activando en dicha resolución diferentes procesos mentales. Así Decroly (1923), entiende que la utilización de juegos sensoriales favorece la interiorización y asimilación de contenidos matemáticos. Montessori, indicaba que el aprendizaje de las matemáticas debía fundamentarse en la ejecución de juegos manipulativos, que permitiesen la experimentación, la prueba, el error y la autocorrección.

Las Matemáticas, junto a otras áreas, son sin lugar a duda, una de las materias que más respeto y "miedo" -académicamente hablando- infunde entre a los alumnos y alumnas. Dicho respeto, se convierte frecuentemente en aborrecimiento y rechazo, lo que se traduce en pobres resultados académicos y a un abandono prematuro de la materia. Los motivos que provocan está situación influyen diferentes factores como el carácter abstracto de las matemáticas, los prejuicios y actitudes ante la materia o los métodos y estilos de enseñanza utilizados, lo cual se traduce o favorece la situación anteriormente descrita. El presente libro, pretende contribuir a un cambio en la percepción de la materia de Matemáticas, mediante la propuesta de actividades de enseñanza-aprendizaje que sean motivadoras, lúdicas y pedagógicas. Para ello, se utiliza un enfoque interdisciplinar en el que el juego dentro del contexto de la clase de Educación Física sirve como vehículo para plantear situaciones problemáticas que han de ser resueltas por los alumnos utilizando sus conocimientos matemáticos. De esta forma se pretende conseguir aprendizajes significativos y fundamentalmente un cambio en la percepción de la materia, de tal forma que los niños sientan interés y curiosidad hacia la misma.

Además, por la variedad de la propuesta, algunos juegos propuestos pueden usarse para días de lluvia o jornadas en las que algún impedimento ha obligado a modificar la actividad planificada y/o mantener al alumnado en el aula (cuando no existe instalación cubierta). En definitiva, la obra que presentan los autores se trata de una cuantiosa propuesta de juegos, de fácil aplicación en el contexto educativo y deportivo, con posibilidad de adaptación a los intereses de cada profesional, convirtiéndose en una interesante herramienta para la planificación en la enseñanza del deporte en los niveles de formación iniciales. Deseo que los profesionales de la enseñanza del deporte en sus distintas manifestaciones se puedan beneficiar de las aportaciones realizadas con este trabajo, fruto del esfuerzo de personas comprometidas con su profesión. Los lectores de este manual se deleitarán al leer todo lo aquí expuesto y percibirán en esta lectura, que es un libro destinado a: profesores, maestros, técnicos, animadores, monitores, padres, niños...

La publicación tiene además un valor añadido, en un momento en el que cada vez se valora más el tiempo libre, son necesarias estas iniciativas, que hagan concienciar a todos los profesionales de la EF y de otras materias (Matemáticas), de que también hay que formar a nuestros alumnos para que sepan utilizar su tiempo libre, con actividades ociosas y motivantes.

Enhorabuena y felicitaciones…y a seguir sumando

Dr. Julio Ángel Herrador Sánchez
UNIVERSIDAD PABLO DE OLAVIDE. SEVILLA.
FACULTAD DEL DEPORTE
Profesor de Habilidades Motrices y Juegos Motores. 1º de Grado
http://www.julioangelherrador.com/

1. INTRODUCCIÓN

Durante la última década, la materia de Educación Física (a partir de ahora EF) ha adquirido un importante papel en nuestra sociedad. Son muchos los beneficios que aporta a nuestro alumnado dentro del marco escolar: mejora la competencia motriz; la condición física; incrementa el rendimiento académico; la trasmisión de valores positivos (respeto, compañerismo, trabajo en equipo, sacrificio...); favorece la autonomía; reduce estrés; aumenta la autoestima; mejora la autoconfianza y fomenta la relación entre el propio discente.

Con respecto a la materia de Matemáticas resulta fundamental para el desarrollo intelectual de nuestros estudiantes. Algunos de los beneficios que ofrece son los siguientes: desarrolla nuestro razonamiento; agiliza la mente; nos permite practicarla en el día a día; desarrolla el pensamiento analítico; desarrolla la capacidad de investigar; desarrolla el pensamiento lógico; aprendemos el porqué de las diferentes situaciones-problema y permite mejorar el proceso de toma de decisiones.

Ambas materias resultan importantes a la hora de desarrollar de forma integral a nuestro alumnado. De la misma manera, comparten la característica de contribuir a la formación en valores. Por un lado, en Matemáticas estos valores se orientan a desarrollar la capacidad de enfrentarse a la realidad de forma lógica; a la búsqueda de la exactitud en el resultado; a resolver mediante el razonamiento y la comprensión; a la generalización; la abstracción y la creatividad. Por otro lado, la EF, además de contribuir al desarrollo de dichas capacidades, fomenta la adquisición de valores como los anteriormente citados, compañerismo, respeto, trabajo en equipo, superación, sacrificio y solidaridad.

En la actualidad, ha tomado gran importancia el trabajo interdisciplinar, gracias a esta relación entre distintas áreas, conseguimos trabajar los mismos contenidos desde diferentes materias, consiguiendo que aumente la efectividad del aprendizaje de dichos contenidos. Por ello, y con el objetivo de mejorar el proceso de enseñanza-aprendizaje de nuestro alumnado consideramos importante el trabajo interdisciplinar entre la materia de Matemáticas y EF. Durante dicho proceso, resulta interesante utilizar metodologías que contribuyan a aumentar la autonomía del discente como el aprendizaje cooperativo, o metodologías que permitan alcanzar un aprendizaje más significativo como el aprendizaje basado en proyectos.

Ha quedado comprobado que se retienen más conceptos matemáticos cuando éstos son aprendidos en movimiento. El hecho de que durante las clases se midan distancias o formen figuras geométricas con el propio cuerpo, hace que el interés por la materia y sus conceptos aumente, así como la capacidad de retener los mismos.

El juego puede resultar un recurso interesante para que en nuestros centros educativos el estudiante desarrolle conceptos matemáticos a la vez que mejora su competencia motriz. Esta actividad lúdica, como herramienta educativa, nos va a permitir: mejorar la creatividad y la imaginación de nuestro alumnado; a focalizar la atención en la tarea que está realizando; a controlar sus emociones; conocer su propio cuerpo y a mejorar su condición física. Asimismo, nos va a ofrecer unos aspectos lúdicos y motivacionales, que van a permitir aumentar el grado de predisposición del alumnado hacia dicho tipo de contenido.

Dentro del juego como agente educativo, encontramos los juegos populares y tradicionales de nuestra comunidad autónoma, Andalucía. Dicho medio de aprendizaje, además de ayudarnos a abordar los beneficios propios del juego, nos va a permitir colaborar en la conservación del juego popular y tradicional andaluz.

La preocupación por conservar los juegos populares es cada vez menor, antiguamente, se realizaban fiestas en pueblos y veladas en barrios en las que un gran número de jóvenes participaban en competiciones que muchas veces eran de juegos populares que en su época habían practicado sus padres y abuelos. Hoy en día poco de aquello se mantiene, igualmente cada vez son menos los sitios o espacios abiertos habilitados para la práctica de estas actividades (Cara, 2011). Por ello, se hace necesario el desarrollo de dicho contenido dentro de nuestros centros educativos desde diferentes perspectivas, buscando como fin principal preservar esta herencia social.

El hecho de incluir este tipo de contenido en nuestra programación de aula, nos puede dar la posibilidad de implicar a las familias en el proceso de enseñanza-aprendizaje, ya que pueden servir como fuente de conocimiento de juegos populares y tradicionales de nuestra comunidad autónoma; los cuales pueden transferir a sus hijos/as o nietos/as para que sean ellos mismos los que los desarrollen en clase de EF o en su tiempo de ocio, fomentando con ello la cultura andaluza.

De la misma forma, se hace necesario mencionar cómo la revolución tecnológica ha ido asociada a un cambio en la actitud de la población en lo que a los juegos populares respecta. Años atrás observábamos que las calles estaban llenas de niños jugando a "el pillar", "el escondite" o "la llevas", hoy en día estas calles están vacías y son pocos los niños que siguen practicando los juegos mencionados anteriormente (Cara, 2011). Como medida, se debería añadir este contenido a nuestro plan de trabajo, nos va a permitir combatir el poder de las redes sociales y tratar de aumentar el número de niños/as jugando en las calles.

Mediante la fusión del trabajo de los juegos populares y tradicionales de Andalucía y las Matemáticas, podemos conseguir: que nuestro alumnado se interese más por esta segunda materia; que aumente su grado de implicación a la hora de llevar a cabo los problemas propuestos; que trabaje en un ambiente de menos presión y en un clima de clase que favorezca el proceso de enseñanza-aprendizaje.

Por último, destacar cómo la unificación de ambas materias permite equilibrar las posibilidades de éxito entre nuestros estudiantes. En la mayoría de las clases, encontramos cómo existen alumnos y alumnas que tienen mayor facilidad en el aprendizaje de las Matemáticas y otros, que por el contrario, son más dados a la pronta adquisición de destrezas físico-deportivas. Con dicho método de trabajo conseguiremos que todos tengan posibilidades de éxito. Además, en el trabajo por equipos, fomentaremos que todos ocupen un rol destacado dentro del grupo, ya que será igual de necesario el jugador veloz y ágil, como el que tiene mayor habilidad para razonar y resolver problemas.

2. JUSTIFICACIÓN

A lo largo de la historia, han sido muchos los autores que han dedicado su tiempo al estudio de la relación entre la materia de EF y la materia de Matemáticas, y cómo la interconexión entre ambas suponía un efecto positivo en el proceso de enseñanza-aprendizaje.

Para Giménez (2009), la EF es una materia privilegiada para contribuir a la adquisición de las competencias finalmente seleccionadas, e instrumentalizar el trabajo docente interdisciplinar, ya que centra su acción educativa en el desarrollo de una cultura corporal y en la propia motricidad, proporcionando al alumnado experiencias que demandan interacciones con el entorno físico, social, emocional y cultural.

Una de las finalidades de la EF es hacer partícipe al alumnado de las manifestaciones culturales de la actividad física, tales como los deportes, los juegos tradicionales, las actividades expresivas o la danza. Dicha materia contribuye de forma directa a que el alumnado aprecie, comprenda y valore tales manifestaciones (Lleixá, 2007).

En lo que respecta a su relación con la materia de Matemáticas, según Díaz (2010), la EF por su carácter singular y su potencial pedagógico, puede hacer dos grandes contribuciones al aprendizaje de la competencia matemática: ofrecer un escenario lúdico-formativo y proponer aprendizajes prácticos apoyados en la experiencia motriz. Además, el mismo autor, destaca que el juego sociomotriz, característico de la EF, desarrolla una actitud positiva hacia el aprendizaje y enseña a resolver problemas de forma activa y creativa. El juego es uno de los vehículos más poderosos que tiene el estudiante para aprender a resolver problemas de índole social, emocional e intelectual (al tiempo que desarrolla cualidades psíquicas esenciales como la seguridad o la autoconfianza). No debemos olvidar que el juego y el movimiento -elementos clave de la EF- son también elementos esenciales de la infancia y de la naturaleza humana.

Según Rodríguez (2018), el juego ha ayudado a afianzar y perfeccionar conceptos matemáticos explicados en el aula y que el alumnado ha trabajado de una forma práctica y lúdica en las clases de EF. Además, todas las tareas cooperativas permiten el desarrollo de muchos de los valores que son requeridos en la sociedad y en la educación como son el esfuerzo, el trabajo y la disciplina. Por último, este tipo de tareas cooperativas y lúdicas permiten que los alumnos y alumnas se adhieran a la práctica de la actividad física, y así, sean capaces de ver en ella una alternativa para su tiempo de ocio y tiempo libre. El carácter lúdico, las prácticas activas y participativas, el clima de aula amable y distendido, y su gran componente socializador, hacen de la EF una poderosa herramienta para educar la competencia matemática (Díaz, 2009).

Según Sallán (2010), podemos añadir que los juegos no se han de utilizar solamente para jugar, sino para aprovecharlos como recurso didáctico, lo que implica un análisis de procesos de discusión, de búsqueda de soluciones y de generalización de los resultados; es decir, ligarlos con procesos de investigación, análisis y elaboración de conclusiones. Aplicando el juego como recurso didáctico siguiendo las pautas anteriores, tendremos las ventajas de:

- Mejorar la actitud del discente ante las Matemáticas.
- Desarrollar la creatividad de los alumnos.
- Facilitar la elección de estrategias para resolver problemas.
- Aprovechar el error como fuente de diagnóstico y de aprendizaje para el alumno y alumna.
- Adaptarse a las posibilidades individuales de cada alumno (tratamiento de la diversidad).

Siguiendo a Giménez (2010), la tradición jugada utiliza los números, solicita cálculos básicos y potencia en el razonamiento matemático. Además, contribuye a la consolidación de las relaciones topológicas (dentro/fuera, arriba/abajo, delante/detrás, a través...), proyectivas (apreciación de distancias y trayectorias) y euclidianas (utilizar medidas de longitud, de volumen y de superficie).

En su estudio, Muñiz (2014), afirma que el uso de los juegos como recurso didáctico para la enseñanza y el aprendizaje de las Matemáticas en 1º de Educación Secundaria Obligatoria (a partir de ahora ESO), aumenta la motivación y el interés de los estudiantes hacia el estudio de esta materia, favoreciendo así la adquisición de conocimientos.

Un buen contexto, como es el área de EF, puede actuar como mediador para pasar progresivamente de situaciones concretas a situaciones abstractas y puede ser una herramienta que favorezca la motivación, el interés o el significado de las Matemáticas en el alumnado, contribuyendo a hacer a los discentes más competentes matemáticamente (Alsina, 2012).

A través de estas propuestas el estudiante consigue tener una visión más completa de la realidad ya que aprende a ver dicha realidad de una manera conectada y global, lo cual genera aprendizajes más enriquecedores y, por lo tanto, aprendizajes que poseen un mayor grado de significación y funcionalidad (Paredes, 2020).

Es curioso como muchas veces las personas se muestran incapaces para aprender Matemáticas, pero en cambio disfrutan haciendo puzzles y juegos intelectuales mucho más complejos que algunos problemas matemáticos. Esto quiere decir que en su momento tuvieron poca motivación o quizás pocas estrategias para su entendimiento. Con esto se pretende decir que si el alumnado consigue apreciar la relación que tienen los juegos con las Matemáticas, generará un cambio de actitud positivo hacia esta materia. Algo, que se verá poco a poco según se va trabajando con los niños y niñas. Por otro lado, también hay que tener en cuenta que cuanto más se aproximen a la realidad de los jóvenes, mayor será la implicación de estos en el aula. Además, hay que tener en cuenta que los conceptos que se ven en estas edades en el área de Matemáticas son considerados básicos y esenciales, ya que serán importantes y necesarios de cara al aprendizaje de los nuevos conceptos que se verán en etapas posteriores. Por lo tanto, para todos los docentes es importante conocer este tipo de estrategias para aplicarlas en el aula (Sánchez, 2013).

Tanto las situaciones de ejecución práctica grupal, como las de juego, podrían considerarse actividades promotoras del aprendizaje, en cuanto que: aumentan la predisposición y motivación por la tarea y el contenido; mejoran la atención y el interés por el seguimiento debido a la interdependencia para alcanzar objetivos; se vivencia la utilidad del contenido y del aprendizaje (Rodríguez, 2018).

En el estudio realizado por Lloyd (2016), se trataba demostrar cómo los alumnos y alumnas aprenden mejor Matemáticas a través de la actividad física, se observó mayor involucración y motivación por parte de los estudiantes a la hora de estudiar Matemáticas. El profesorado aseguró que los discentes no se sienten tan presionados a la hora de resolver problemas, ya que al relacionarlo con otra actividad, no sienten tanto miedo al fracaso como cuando lo hacen delante de un papel y un lápiz.

Los hallazgos extraídos de entrevistas con profesionales de la educación incluyen una mayor participación y mejora de las disposiciones de los estudiantes en Matemáticas y, más significativamente, una ampliación de las prácticas pedagógicas de los maestros para involucrar a los estudiantes y brindarles múltiples oportunidades para presentar su aprendizaje (Garrett, 2018).

Para promover este aumento del interés y la motivación en nuestro alumnado, vamos a necesitar de la cooperación entre el profesorado de las materias de EF y Matemáticas, conformando un trabajo interdisciplinar. Dicha actividad, se produce cuando diferentes áreas se unen para construir saberes adecuados para una situación (Fourez, 2008). En todo momento nos basamos en la Ley Orgánica 8/2013, de 9 de diciembre, para la mejora de la calidad educativa que destaca la necesidad de promover en las aulas una visión interdisciplinar de las áreas curriculares (PREÁMBULO IX).

Según Díaz (2009), la competencia matemática se puede desarrollar de forma disciplinar: a través del área de Matemáticas, y también, de forma transversal, con la intervención de la EF y del resto de materias comunes. Este tipo de trabajo nos puede ayudar a preservar y conservar los juegos tradicionales y populares, los cuales están cayendo en desuso con la aparición de las Tecnologías de la Información y la Comunicación (a partir de ahora TIC).

Siguiendo a Quintanilla (2018), los proyectos interdisciplinares, además de fomentar el desarrollo conjunto de distintas áreas, permiten la construcción de escenarios propicios para el desarrollo de la comprensión en Matemáticas y la formación de valores y actitudes positiva.

Dentro del área de la EF, vemos cómo pueden ser muchos los bloques de contenidos que pueden contribuir a presentar mejoras en las clases de Matemáticas. Es esto lo que ocurre, por ejemplo, con el bloque de Expresión Corporal (a partir de ahora EC). Desde el ámbito de las artes del movimiento y de la educación, han sido muchos los autores que han investigado el desarrollo espacial a través del movimiento y la EC. Partiendo del conocido Rudolf Von Laban, quien pensaba que el movimiento era un medio fundamental para el desarrollo del niño, hasta la actualidad, en la que casi todos los autores que hablan de EC dedican un apartado al tratamiento del espacio. En este sentido, en su estudio, Fernández (2013), pretendió desarrollar una propuesta de intervención en el aula que partía de la EC para trabajar aspectos espaciales matemáticos. Esto requerirá de una metodología activa, participativa y centrada en los procesos y donde la unidad de trabajo estará en los pequeños grupos.

En el estudio llevado a cabo por Van den Berg (2019), los estudiantes disfrutaron en un programa combinado de malabarismo y Matemáticas significativamente más que el programa sedentario de dicha materia. Dicho trabajo de relación entre áreas, además de obtener un incremento en la motivación e interés de nuestro alumnado a la hora de abordar conceptos matemáticos, permite que obtenga mejoras en sus destrezas en dicha materia.

Por un lado, Xue (2019), demostró cómo las intervenciones de ejercicio crónico, implementadas en entornos curriculares o deportivos y de programas de actividad física, podrían ser una forma prometedora de promover múltiples aspectos de las funciones ejecutivas, especialmente el control inhibitorio.

Por otro lado, Rodríguez (2017), en su revisión teórica saca la conclusión de que al presentar los contenidos relacionados a través de actividades que exigen el movimiento y la participación activa del alumnado, se activan otros tipos de memoria, como es la kinestésica.

En el estudio realizado por Nieto (2018), en el que trabaja la geometría en el gimnasio, se muestra cómo se genera un vínculo afectivo con este material geométrico que permite un mayor acercamiento a la visión geométrica del entorno que les rodea y que también desarrolla la creatividad e imaginación. En esta misma línea, Arribas (2017), afirma que la EF contribuye a la adquisición de la competencia matemática, puesto que difícilmente los niños y niñas llegarán a adquirir conceptos matemáticos y a iniciarse en la abstracción sin una exploración motriz del espacio que les rodea. Es en el espacio vivido, el espacio sensomotriz, donde se consolidan las relaciones topológicas. Además, se ha comprobado cómo los alumnos y alumnas con rendimiento normal se benefician de la incorporación de la actividad motora al plan de estudios del aula (Beck, 2016).

Podemos observar cómo en las Facultades de Ciencias de la Actividad Física y del Deporte, se imparten materias que implican conceptos matemáticos que el alumnado no tiene consolidados. Por ello, siguiendo a Benavidez (2016), una alternativa a nuestro alcance podría ser la de ofrecer a los futuros alumnos de Biomecánica, de forma optativa, un curso de nivelación en Matemáticas previo al comienzo de las clases.

Además, en el momento actual, en que en nuestras escuelas hay cada vez más niños y niñas extranjeros, tiene especial relevancia el conocimiento de las manifestaciones lúdicas, deportivas y expresivas de otras culturas, por cuanto tal conocimiento facilita una actitud más abierta ante las aportaciones de estos compañeros y compañeras (Lleixá, 2007).

El deporte globalizado, ha supuesto prácticas totalmente reglamentadas para los niños, que raramente pueden modificar. En cambio, los juegos tradicionales otorgan mayor libertad al jugador, permitiéndole ajustar las normas y las estructuras a situaciones materiales, espaciales y corporales concretas en busca de un movimiento espontáneo y placer en el juego (Serrabona, 2001). La corriente que promueve el redescubrimiento de los juegos tradicionales dando al niño la posibilidad de construir, adaptar, modificar, sugerir, está avanzando hacia el desarrollo de autonomía e iniciativa personal. Pensamos que el carácter abierto del juego tradicional permite al niño elegir las vías de progreso del propio movimiento, partir de sus propias posibilidades y establecer metas alcanzables que le den seguridad para seguir aprendiendo (Giménez, 2010).

3. MARCO TEÓRICO

3.1. CONCEPTOS

3.1.1. CONCEPTO DE JUEGO

Las fuentes documentales, tanto orales como escritas, que nos acercan al fenómeno lúdico a lo largo de los años, han sido objeto de numerosos estudios (Herrador, 2011). Para un estudio riguroso de la cultura lúdica de la Comunidad Autónoma de Andalucía, es importante que, en primer lugar, nos centremos en el concepto de juego. Parlebas (2005), define el juego como una acción motriz arraigada en una cultura que permite conocer los emblemas y características de una sociedad.

Para Torres (2016), el juego es una acción de libre elección que se desarrolla dentro de unos límites de espacio y tiempo, según reglas de obligado cumplimiento y aceptadas voluntariamente. En este sentido, se ha considerado como el medio a través del cual el niño desarrolla sus capacidades intelectuales, físicas y sociales, por lo que a través del mismo se ha contribuido de forma global al desarrollo de los niños y niñas (Medina, 1987).

Esta actividad lúdica viene siendo considerada por sus proponentes en el área de la salud, un instrumento educativo potencialmente capaz de contribuir tanto para el desarrollo de la educación como para la construcción del conocimiento. Ya para los participantes, el juego es visto como una actividad divertida, estimulante, interactiva, innovadora e ilustrativa, que responde a la doble tarea de aclarar dudas y facilitar el aprendizaje (Yonekura, 2010).

Por su parte, Moreno (2002), define este entretenimiento como un fenómeno antropológico, que hay que tener en cuenta para el estudio del ser humano. El juego ha servido de vínculo entre pueblos, ha facilitado la comunicación entre los seres humanos.

Lavega (1993), entiende que el juego y todo lo relacionado con lo lúdico, se ha visto relegado durante muchos siglos a un segundo plano, ya que estos conceptos han estado asociados a situaciones improductivas, no serias y calificadas como poco importantes o insignificantes. Ante este carácter gratuito y altruista, el hecho de jugar, divertirse, moverse, aprender... es algo intrínseco a la vida del ser humano y es una constante en la vida de cualquier colectivo sociocultural. Sin embargo, Jiménez (2009), lo califica como un instrumento que posibilita a los niños y niñas a establecer relaciones con su entorno más próximo, de modo que con éste, se adquieren una serie de normas y roles sociales que les permiten relacionarse con sus iguales y con los adultos. En base a esta definición, Yagüe (2002), certifica que el juego es la actividad propia del niño, la cual es constructora de su personalidad. A su vez, Jiménez (2006), afirma que son muchos los autores que lo han definido, pero todos coinciden en señalar la universalidad de esta manifestación, su valor funcional y, en consecuencia, su importancia para el desarrollo y crecimiento del sujeto humano.

Atendiendo a la revisión realizada por especialistas en la temática que nos ocupa (García Serrano, 1974; Lavega, 2000; Martín, 2002; Moreno Palos, 1992; Parlebas, 1989, 2001), podemos considerar el juego como toda actividad libre, espontánea, placentera y con una finalidad en sí misma, diferenciándolo de otro vocablo al que tradicionalmente se le ha vinculado, como es el término deporte (situación motriz, sujeta a reglas que definen una competición, rasgo que descarta las actividades libres e improvisadas). Así, encontramos diferentes aportaciones en la bibliografía cuestionadas, ya que en la mayoría de las ocasiones, estas taxonomías no se refieren al aspecto de clasificar en sí el juego, sino que responden a la forma que adquieren algunos elementos del mismo (material, lugar, acción, jugadores o la finalidad) y/o se remiten tan solo a las prácticas lúdicas de adultos, soslayando a la población infantil, adolescente y otros colectivos.

Por último, García (2004), se refiere a este elemento como un vehículo de entendimiento entre las comunidades del mundo, que sabe guiarnos con paso firme y seguro por el camino de las relaciones humanas. Por su parte, Bantulá (2002), añade que son un factor determinante en el proceso de socialización y aprendizaje del ser humano. Además, como enuncia Heinemann (2002), la actividad lúdica puede convertirse en el primer paso para la integración y la inclusión social por su lenguaje corporal universal. El juego habla todas las lenguas, y es un fenómeno global y supranatural.

EDITORIAL WANCEULEN

3.1.2. CONCEPTO DE JUEGO POPULAR/TRADICIONAL

Por una parte, podemos definir juegos tradicionales como aquellas actividades deportivas con un carácter local y recreativo que requieren destrezas físicas, estrategia, suerte o alguna combinación de las tres. Igualmente, podemos definirlos como aquellos que tienen como raíz la propia creatividad espontánea popular con el fin de llenar el tiempo de ocio, además de la conversión de tareas laborales en actividades de encuentro lúdico de varias comunidades, con motivo de la celebración de sus fiestas locales (Herrador, 2013).

Por otra parte, cuando nos referimos a juegos que conocemos desde siempre, aquellos que incluso las personas más ancianas del lugar los recuerdan desde su infancia, que son prácticas que han pervivido a lo largo del tiempo y que por tanto se han ido trasmitiendo entre las distintas generaciones, podemos hablar de juego tradicional (Lavega, 2007; Torres, 2016). Cuando localizamos un juego que está muy arraigado en una determinada zona y los habitantes del lugar lo practican habitualmente, ese juego lo podemos denominar popular (Lavega, 2000).

Según (Bañeres, 2008), los juegos populares y tradicionales, son aquellos que hace muchos años que se practican, a los que ya jugaban nuestros abuelos y que casi no han cambiado. Se transmiten de generación en generación. Cuando es necesario, el objeto material que se utiliza para desarrollar el juego lo construyen los propios jugadores y jugadoras, normalmente con objetos de la naturaleza o materiales comunes –pueden ser reciclados–. No tienen unas reglas fijas, interviene el consenso entre las personas que jugaran a la hora de definir la extensión temporal y espacial, así como los objetivos del juego.

Calmels (2004), hace alusión a los juegos tradicionales como juegos de crianza de los que señala se transmiten generacionalmente y fueron creados a partir de un encuentro, de una necesidad. Tienen una extensa variedad de formas y de nombres, variaciones del tema con contenidos similares. El contenido de los juegos corporales (son considerados también así, ya que estos ocurren desde los primeros años de vida) constituye la matriz desde la cual se organizan los juegos de la niñez, la adolescencia y la vida adulta.

Para Lavega, en Trigo (1994), aproximarse al juego tradicional es acercarse al folklore, a la ciencia de las tradiciones, costumbres, usos, creencias y leyendas de una región. Resulta difícil disociar el juego tradicional del comportamiento humano, el estudio del juego folklórico, de la etnografía o la etología.

Además, resulta interesante destacar cómo los juegos tradicionales dentro de una sociedad cumplen una función de enculturación, conservan y transmiten los valores profundos de la cultura popular, proporcionan una actividad motriz acorde con las características de sus practicantes, propician y facilitan las relaciones sociales entre los miembros de una misma generación y entre los de diferentes generaciones, y ayudan a conservar tradiciones de transmisión oral y el patrimonio lúdico. Por todo ello, tienen un gran valor en sí mismos, existiendo la necesidad de fomentar, promocionar y consolidar estas actividades propias que conforman nuestro acervo cultural, atendiendo a su pasado, presente y futuro (Trigueros, 2000).

Según Pérez (2011), al hablar de juegos tradicionales nos referimos a aquellos juegos que, desde muchísimo tiempo atrás siguen perdurando, pasando de generación en generación, sufriendo quizás algunos cambios, pero manteniendo su esencia. Además, para Méndez (2011), conocer el contexto sociocultural en el que se desenvolvieron los juegos antiguos puede ayudar al alumnado a interpretar mejor la historia, a conocer las costumbres de sus antepasados y a valorar las tradiciones.

Coincidimos con Jiménez (2009), al afirmar que son juegos que durante años y con el paso del tiempo se siguen jugando, pasando de generación en generación, siendo los padres los que se los enseñan a sus hijos y éstos a los suyos y así sucesivamente. De la misma manera, Paredes (2002), subraya que el juego ha estado siempre unido a la cultura de los pueblos, a su historia, a lo mágico, a lo sagrado, al amor, al arte, a la lengua, a la literatura, a las costumbres y a la guerra.

En resumen, podemos finalizar dicho apartado definiéndolos como aquellos que trasmiten los valores de la cultura de un pueblo y que son capaces de perdurar en el tiempo. Representan la historia de una zona en particular, siendo una herencia que pasa de generación en generación y que se encuentra fuertemente arraigado a una región. Los podríamos considerar como juegos familiares.

3.2. CARACTERÍSTICAS

En primer lugar, Huizinga (1990), establece las características del juego que más relevancia han presentado en los últimos tiempos. Éstas se concretan en:

- El juego es una actividad libre.
- El juego no es la vida "propiamente dicha".

- Se juega dentro de unos límites de tiempo y de espacio.
- El juego exige un orden absoluto.
- El juego produce tensión, emoción y misterio.

Una década más tarde, Lavega (2000), establece como características del juego las siguientes:

- Es una actividad libre y voluntaria.
- Se localiza en unas limitaciones espacio-temporales.
- Es incierto, puesto que no se conoce su final.
- Gratuito, pues tiene el fin en sí mismo.
- Ficticio, alejado de la realidad de cada día.
- Convencional, ya que hay acuerdo entre jugadores.

Para Sánchez (2009) y Camerino (2009), desde una perspectiva sociológica, las características del juego se concretan a continuación:

- Libre: a la cual el jugador no podría estar obligado sin que el juego perdiera al punto su naturaleza de diversión atractiva y alegre.
- Separada: circunscrita en límites de espacio y de tiempo precisos y determinados por anticipado.
- Incierta: cuyo desarrollo no podría estar determinado ni el resultado dado de antemano, por dejarse obligatoriamente a la iniciativa del jugador cierta libertad en la necesidad de inventar.
- Improductiva: por no crear ni bienes, ni riqueza, ni tampoco elemento nuevo de ninguna especie; y salvo desplazamiento de propiedad en el círculo de los jugadores, porque se llega a una situación idéntica a la del principio de la partida.
- Reglamentada: sometida a convenciones que suspenden las leyes ordinarias e instauran momentáneamente una nueva legislación, que es la única que cuenta.
- Ficticia: acompañada de una conciencia específica de la realidad secundaria o de una franca irrealidad en comparación con la vida corriente.

Calmels (2004), denomina juegos de crianza, a aquellos que cumplen las características de los juegos tradicionales, estableciendo las siguientes características:

- Integran al niño y al adulto en un mismo momento de juego.

- Son actividades lúdicas o prelúdicas que se comparten durante la crianza.
- Ocurren en los primeros años de vida y son esencialmente juegos corporales.
- Se transmiten generacionalmente.
- Fueron creados a partir de un encuentro.
- Para que se constituyan como juego es necesario un acuerdo. Este acuerdo, desde el punto de vista psicomotor, es un acuerdo tónico-emocional.
- No son programados de antemano, ni hay una destacada explicación verbal que anteceda la acción lúdica.
- Son vitales en la organización de un estilo psicomotor.
- Podemos nombrar los juegos elementales de la crianza como juegos de sostén, ocultamiento y persecución.

Algunas características que se repiten tanto en los juegos tradicionales, autóctonos como populares son (Camerino, 2007; Martínez, 2011):

- Son jugados por los niños por el mismo placer de jugar. Son los mismos niños quienes deciden cuándo, dónde y cómo se juega.
- Responden a necesidades básicas de los niños.
- Tienen reglas de fácil comprensión, memorización y acatamiento. Las reglas son negociables.
- No requieren mucho material ni costoso.

Por último, Mendoza (2017), plantea la posición de varios autores, y se resalta las características más importantes de los juegos tradicionales y populares.

Tabla 1. Características de los juegos tradicionales y populares (Mendoza, 2017).

JUEGOS	CARACTERÍSTICAS		
Tradicionales	Son los que perduran, pasan de generación en generación, se transmiten de abuelos a padres e hijos, manteniendo su esencia (Pérez, 2011).	Son típicos de la región o país, constituyen un tesoro nacional y son practicados de generación en generación (Mizrahi, 2006).	Constituye el reflejo social, rasgos identitarios y culturales del ocio tradicional de la sociedad (Vigne, 2011).

JUEGOS	CARACTERÍSTICAS		
Populares	Un patrimonio de todos, los mismos que debemos conocer y conservar, para tener una visión global de nuestra cultura (Dorado, 2011). Practicado por un gran número de personas en un momento o lugar dado (Antón, 2011).	Son parte del patrimonio cultural, nacen y se desarrollan en el pueblo (Rebollo, 2002).	Se transmiten de generación en generación, evolucionan y se modifican hasta formar parte de los rasgos populares de la cultura de una región (Huizinga, 1972).

Por último, nos gustaría cerrar dicho apartado citando las características principales de los juegos populares y tradicionales:

- Pasan de generación en generación.

- Son historia y herencia cultural.

- Son actividades libres.

- Requiere de un espacio y un tiempo determinado.

- No requiere de material costoso.

- Son elementos integradores.

- Tiene como fin principal que sus participantes se diviertan.

- Son recursos educativos.

- Su carácter es principalmente lúdico.

- Sus reglas son de fácil asimilación.

3.3. CLASIFICACIONES

En España, Alfonso X el sabio fue el primero en recopilar el primer libro de juegos de la literatura europea que se publicó (Díaz, 1994). En la introducción de la obra, el rey declara: "Dios quiso dar a los hombres toda clase de alegrías en la vida, para que, disfrutando de ellas, lograsen soportar mejor las penas y trabajos que pudieran sobrevenirles".

Dentro de los juegos y de los deportes tradicionales podemos mencionar múltiples clasificaciones donde resulta igualmente interesante conocer la localización geográfica (regiones o comunidades autónomas) donde más se practican éstos, o donde están más arraigados. A nuestro juicio, las dos clasificaciones que mayor transcendencia han tenido son las planteadas por García Serrano y Moreno Palos, y que a continuación mostramos:

En primer lugar, García Serrano (1974), hace un estudio riguroso y deduce la siguiente distribución geográfica de estas manifestaciones en las distintas regiones españolas:

Grupo I. Nivel en número y práctica máximo:

Región: País Vasco.

Juegos y deportes (a partir de ahora JyD): pelota vasca, bolos, barra, carrera, corte de troncos, concurso de siega, levantamiento de piedra, arrastre de piedras y sogatira.

Grupo II. Nivel en número y práctica elevado:

Región: Castilla-León, Asturias, Cantabria, Navarra, Rioja y Aragón.

JyD: pelota, bolos, barra, carrera, lucha leonesa, andarines y sogatira.

Grupo III. Nivel en número y práctica medio:

Cataluña: torres humanas, sogatira, barra y bolos.

País Valenciano: bolos, pelota valenciana.

Castilla-La Mancha: tiro de reja, bolos, barra española.

Madrid: bolo-palma, barra española.

Murcia: bolos murcianos.

Canarias: lucha canaria y palo canario.

Grupo IV. Nivel en número y práctica escaso:

Andalucía: carreras de sacos, sogatira, barra española.

Galicia: carreras rituales, lucha.

Extremadura: barra española, tiro de reja.

Baleares: bolos, tiro con onda.

*Figura 1. Ejemplo de juegos tradicionales y populares por Comunidad Autónoma
(García Serrano, 1974).*

Por otro lado, Moreno Palos (1993), establece la siguiente clasificación:

JyD de locomoción.

Este grupo recoge los juegos con denominador común el desplazamiento corporal, como son las marchas, carreras, saltos, trepas y equilibrios, etc. El ámbito geográfico fundamental es el País Vasco, Navarra, Alto Aragón, además los "castillos humanos" de Aragón, y sobre todo de Cataluña.

1. Pruebas pedestres de marcha y carrera:

Las competiciones pedestres adquieren especial intensidad e importancia en toda la zona vasco-navarra donde se encontraban bastante reglamentadas, dando lugar al "Korricolari" (corredor) o "Lastorkari" (andarín). Korrikolaris:

están regladas y se desafían dos contendientes. Se pueden realizar en espacios cerrados (plazas de toros, estadios...). En el País Vasco y Navarra tienen gran tradición. Andarines: se dan en espacios abiertos (campos, caminos...) donde se recorren grandes distancias de 60 a 100 Km. También encontramos las carreras de sacos, típicas de Andalucía y Castilla La Mancha

2. Equilibrios:

Castillos humanos: su origen es confuso y consiste en un ritual para asegurar el crecimiento de las plantas. Según datos gráficos su práctica se remonta al siglo XVII, son ejercicios de equilibrio, de culminación de una danza. Actualmente, este tipo de juegos se mantiene en Cataluña, aunque a principios de siglo tenían gran auge en Aragón y Castilla.

Zancos: se utilizan en fiestas patronales, en el caso de Anguiano (municipio de la Rioja) se desciende por una cuesta realizando giros.

Rayando el palo: el jugador tendrá que alcanzar con la mano el punto más lejano sin mover los pies. Unas veces se realizará con un palo y otras con las manos libres.

Cucañas: también conocida como palo ensebado, es un juego que consiste en escalar, trepar y marinear, sólo con ayuda de brazos y piernas, por un poste vertical u horizontal de aproximadamente cinco metros de longitud, que suele estar alisado o embadurnado con alguna sustancia resbaladiza.

3. Saltos:

Los "Saltaris" son saltos con los pies juntos. Se pueden realizar con el apoyo en el bastón de pastor para lograr mayor distancia. Otros saltos donde el bastón o pértiga forma parte del mismo son: el "Salto Pasiego" típicos de Asturias y Cantabria, y el "Salto Guanche", propio de las Islas Canarias.

JyD de lanzamiento a distancia.

Son actividades cuyo contenido es arrojar un objeto de mayor o menor peso a la mayor distancia posible. Los más practicados son: lanzamientos a mano: lanzamiento de barra (reja), lanzamientos de piedras y los lanzamientos con elementos propulsivos: tiro con honda (puntería y distancia). Encontramos como más destacados la Barra vasca o "palanca", la Barra castellana, la Barra aragonesa y el Barrot valenciano.

JyD de lanzamientos de precisión.

Los más practicados son: juegos de bolos, con todas sus modalidades y variedades repartidas por las diferentes comunidades e incluso localidades (bolo murciano, bolo burgalés, bolos de la Sierra de Cazorla y Segura, etc.). Dentro de este grupo de juegos encontramos el lanzamiento de discos y monedas contra un objetivo colocado en posición vertical con intención de derribarlo o golpearlo, pudiendo destacar: el caliche (juego con bastantes modalidades, cuya práctica está extendida por toda España, abarcando un área similar a la de los bolos); el herrón (Castilla y León); la rana (Albacete); actualmente comercializado como juego de jardín, y la raya (lanzamiento de precisión con monedas desde una distancia determinada hacia una raya trazada en el suelo).

JyD de pelota y balón.

En este apartado incluimos las dos modalidades de juego de pelota con más arraigo y tradición en el conjunto del deporte tradicional español: la pelota valenciana y la pelota a mano canaria. Sin embargo, la de más tradición es la pelota vasca, de hecho en los Juegos Olímpicos de Barcelona fue deporte de exhibición.

JyD de lucha y pruebas o pugnas de fuerza.

Incluimos en este grupo aquellos juegos populares y deportes tradicionales pertenecientes a dos grupos tipológicos distintos: los de lucha y combate, y los de fuerza.

En el primer grupo, destacan las modalidades autóctonas de lucha documentadas en España, una peninsular y de posible origen celta: la lucha leonesa; y otra similar, la lucha canaria, de carácter autóctono de los canarios prehispánicos o "guanches". Junto a ellas, la única modalidad de esgrima con bastones existente es el palo canario. Tienen un carácter ritual. Los egipcios ya la practicaban y los griegos la incluían en los Juegos Olímpicos. Pasó luego a Roma, sofisticándose más tarde dando lugar a la lucha grecorromana. Aparece en la Edad Media vinculada a la preparación militar. Jaime I redacta unas leyes para la lucha (comenzar de pie, acabar en el suelo, previa rendición y todo el tiempo entrelazado).

En cuanto al segundo grupo que podríamos subdividir en pruebas de levantamiento y transporte de pesos y deportes de tracción y empuje, predominan deportes y pruebas localizadas en el norte de España, sobre todo deportes tradicionales vascos. Los más representativos de este grupo son las pruebas de levantamiento de piedra y las de soga-tira, así como otros juegos menores de tracción y empuje muy interesantes desde el punto de vista recreativo: empuje del bastón, tira de la cuerda a cuatro.

JyD náuticos y acuáticos.

En este grupo encontramos aquellos deportes y pruebas tradicionales que se realizan en el medio acuático, tanto a nado como en embarcaciones. La posible utilización de estas actividades fuera de su marco tradicional es muy limitada, sin embargo, su valor histórico y tradicional, así como la fuerte implantación de algunas de estas pruebas como deportes reglados, justifican plenamente su importancia. Podemos distinguir en este grupo tres tipos: pruebas a nado, competiciones y regatas a vela, y aquellas otras que se disputan con embarcaciones a remo.

Como deportes o pruebas más representativos de todo este grupo, podemos destacar las pruebas de vela (Levante e Islas Canarias), las regatas de traineras (litoral cantábrico) y algunos descensos fluviales que se han convertido en fiestas populares: como el Descenso Internacional del Sella (Asturias), descensos sobre troncos, etc.

JyD con animales y pruebas de habilidad en el trabajo.

Mucho antes de la aparición del deporte moderno existían una serie de actividades relacionadas con el trabajo y que surgieron de las tareas laborales de la vida cotidiana como: la siega, el levantamiento de piedras o la corta de troncos, etc. y que con el paso del tiempo se han convertido en deportes tradicionales o rurales (aizcolaris, segolaris) en los que queda patente un marcado carácter competitivo.

En muchos casos poseen un origen laboral. Ejemplos: en Sanlúcar de Barrameda se celebra una de las carreras en la playa más antiguas entre caballos de pura sangre (1845), carreras de cintas, lucha de carneros, lucha de toros, peleas de gallos, correr toros, o concurso de roturación.

Figura 2. Clasificación juegos populares y tradicionales (Moreno Palos, 1993).

Desde mediados del siglo XX hasta nuestros días, han sido muchas las clasificaciones que se han hecho de los juegos. Éstas atendían a diferentes criterios: según las etapas o niveles evolutivos del niño; según el espacio donde se realicen (al aire libre o en interior); según el material o instrumentos utilizados; según las cualidades que desarrollan; etc. Los juegos relacionados con la actividad física podrían ser ordenados según las cualidades físicas que desarrollan (fuerza, resistencia, velocidad, coordinación, agilidad, etc.). No obstante, para la mayoría de autores, las clasificaciones no son rigurosas, ya que no existen juegos en los que únicamente se desarrolle una sola cualidad.

Así pues, considerando que no existe una clasificación única y universal que encasille a un juego en una categoría concreta, proponemos, conscientes de su relatividad, la siguiente clasificación, atendiendo a los siguientes criterios y poniendo el foco de atención en la esencia o trama principal del juego tradicional a clasificar:

- Azar.
- Sensoriales (visuales, auditivos, táctiles, gustativos, olfativos, de orientación-simples o en la naturaleza).
- Lanzamiento.
- Lucha-Fuerza.
- Locomoción (desplazamiento corporal):
  • Relevos.
  • Persecución.
  • Coordinación/agilidad.
  • Velocidad/rapidez de movimiento.
  • Locomoción mixta.

3.4. VALOR CULTURAL Y EDUCATIVO

3.4.1. VALOR CULTURAL

Desde el inicio de los tiempos, en cualquier época y lugar, los seres humanos hemos tenido que aprender muchas acciones necesarias para integrarnos en la sociedad a la que se pertenece. Hablar, escribir, utilizar objetos de uso doméstico, comportamientos sociales, actitudes, valores o normas, son algunas de ellas. En todo este proceso de enseñanza, el juego ha sido un excelente hilo conductor para guiarnos a través de él.

Es por ello, que encontramos JyD tradicionales y populares en todas las partes del mundo. Obviamente, encontramos diferencias en su desarrollo, diseño u otro aspecto entre cada comunidad donde se desarrolla. Sin embargo, la esencia del mismo se conserva, aportando así una serie de aspectos socio-culturales e históricos que nos proporciona información a la hora de entender la evolución y la propia historia de las diferentes sociedades y culturas.

Por lo tanto, el juego al que nos referimos tiene su propio significado y una fuerte connotación como transmisor de aspectos culturales. Son muchos los autores que han realizado dicha vinculación entre cultura y juegos populares y tradicionales. Además, destacar como en el caso del juego tradicional, es preciso señalar la importancia desde un punto de vista histórico que han tenido los materiales para la confección de juguetes o elementos empleados para la práctica lúdica.

Según Huizinga (1998), dicha actividad lúdica tiene un claro valor cultural y puede considerarse como una representación de la lucha por la supervivencia;

es parte de las fiestas cívicas y religiosas, en las que con frecuencia aparece asociado a expresiones folklóricas como cantos, danzas, etc.; y por supuesto, es una actividad de ocio que proporciona diversión y beneficios de toda índole, según el modelo de ocio imperante en la sociedad. Para reforzar dicha idea, siguiendo al mismo autor, en el prólogo de su libro "Homo Ludens": "no se trata del lugar que al juego corresponda entre las demás manifestaciones de la cultura, sino en qué grado la cultura misma ofrece un carácter de juego".

Según Parlebas (2001), los juegos tradicionales están en consonancia con la cultura a la que pertenecen, son el espejo de la sociedad donde están insertos, ilustran los valores y el simplismo subyacentes de esa cultura. Siguiendo al mismo autor, a través de los mismos, las nuevas generaciones aprenden la cultura de su comunidad, de ahí su auténtico valor cultural:

- **Habilidades y destrezas relacionadas con la adaptación al medio** (carreras, saltos, desplazamientos sobre ramas de árboles, equilibrios, lanzamientos...) que son la base de futuros aprendizajes posteriores como son las habilidades de caza, pesca o recolección.

- **Habilidades y destrezas para la defensa del territorio** (dominio de palos, de pértigas para superar obstáculos, hondas, técnicas de camuflaje, de tirachinas...) con el fin de defender el territorio y preservar la supervivencia humana.

- **Roles sociales** (saludos, forma de dirigirse a los mayores, ritos religiosos, ritos de adultez, policías y médicos, las casitas...) con el fin de favorecer un conocimiento del entorno social y cultural.

- **Conocimiento de las normas de la comunidad** (formas de entrar, horarios de comidas, tipos de comidas, vestimenta...).

Las razones para llevar a cabo dicho proceso de enseñanza y aprendizaje planteado por Parlebas, radican en que las generaciones venideras, protejan y preserven este patrimonio cultural a través de la práctica de actividades físico-deportivas que formen parte de nuestra cultura. Tal es el caso de los juegos tradicionales y populares, que nos aporta un contexto ideal para favorecer el conocimiento del entorno y del patrimonio histórico y cultural, así como favorecer el intercambio de costumbres con otras regiones; contribuyendo así a la Educación Intercultural y conocimiento e interacción con el mundo físico. Tal y como expresa Lavega (2000), los juegos populares y tradicionales son auténticas manifestaciones culturales, formando parte de nuestro patrimonio. Es por ello que, junto a Expósito (2008), transmiten la importancia que tiene el juego como transmisor cultural. Existen tres procesos fundamentales en el que el juego participa como vehículo de comunicación de aspectos culturales de una comunidad (Lavega, 2000; Expósito, 2008):

- *La enculturación o socialización:* es el proceso de transmisión de conocimientos, usos y costumbres entre personas de una misma cultura. Se suele producir de padres a hijos y pretenden preservar la cultura de una determinada zona. Actualmente, la escuela juega un papel predominante en el proceso de socialización de los niños con el fin de favorecer su integración social y cultural.

- *Difusión cultural:* es el proceso de intercambio cultural entre diferentes comunidades o países que enriquece e incluso modifican sus costumbres o la aparición de numerosas variantes de juegos de los bolos producto del intercambio cultural entre diferentes comunidades. El ejemplo más claro lo tenemos en el bolo leonés, cuyo origen se sitúa en la comunidad leonesa, pero se extendió rápidamente por otras comunidades.

- *Aculturación:* se trata de un proceso cultural donde una cultura superior invade a otra, generalmente la cultura dominante impone muchas de sus costumbres y aspectos cotidianos. Valga como ejemplo representativo el influjo cultural del deporte desde Inglaterra a los restantes países colindantes, o la continua influencia que los deportes y juegos Norteamericanos tienen sobre el resto del mundo como es el caso del béisbol, baloncesto o bowling.

Por lo tanto, podemos concluir resaltando la figura del juego como fenómeno y manifestación cultural, que no sólo refleja las características sociales, económicas, geográficas y etnográficas de aquella comunidad que lo practica, sino que se convierte en el vehículo ideal para aprender y transmitir de generación en generación (de forma oral, escrita o cualquier otra manifestación) el patrimonio cultural de una sociedad. Siguiendo esta línea, Mendoza (2017) expresa que los juegos populares y tradicionales tienen un enorme capital motriz que permite transmitir manifestaciones y herencias culturales, así como un aprendizaje significativo, existiendo un accionar cooperativo, integrador, inclusivo e intercultural.

3.4.2. VALOR EDUCATIVO

Son muchos los autores (Blázquez, 1999; Contreras, 2001), que han manifestado que ninguna actividad es educativa en sí, sino que es el docente el que tiene que darle dicho tratamiento con el objetivo de alcanzar los diferentes fines e intenciones mostrados en los diferentes documentos educativos del aula y del centro: Proyecto Educativo, Programación del Departamento y Programaciones de Aula. Es por ello que toda práctica o actividad físico-deportiva-recreativa que se incluya como contenido educativo, debe supeditarse a las características propias del entorno.

El juego suele ser la principal herramienta metodológica docente durante la primera etapa de ESO, utilizándose como estrategia fundamental en el proceso de enseñanza y aprendizaje. Su orientación por tanto dentro de dicho ámbito, debe contribuir al desarrollo psicomotor, afectivo y social del alumnado.

Por tanto, es labor del profesor el hacer énfasis no sólo en la práctica del juego tradicional y popular como práctica social y cultural en el marco educativo, sino también las correcciones que se le hagan al alumnado, la forma de presentar, diseñar y realizar el juego, así como la influencia que el mismo pueda tener sobre el estudiante. Así, para Seirul.lo (1999), lo auténticamente educativo del juego y deporte tradicional y popular en la escuela es la influencia que tiene en la configuración de la personalidad del alumno. En la misma línea, Boulch (1991), considera que un deporte o juego es educativo cuando permite el desarrollo de sus aptitudes motrices y psicomotrices, en relación con los aspectos afectivos, cognitivos y sociales de su personalidad.

Los planteamientos expresados por dichos autores, quedan así reflejados en la normativa vigente, coincidiendo así con principios reflejados en la Ley Orgánica para la Mejora de la Calidad Educativa (LOMCE, artículo 1):

a) El pleno desarrollo de la personalidad y de las capacidades de los alumnos.

b) La igualdad de derechos y oportunidades que ayuden a superar cualquier discriminación.

c) La educación en el ejercicio de la tolerancia y de la libertad dentro de los principios democráticos de convivencia.

d) La educación en la responsabilidad individual y en el mérito y esfuerzo personal.

e) La formación para la paz, el respeto a los derechos humanos, la vida en común, la cohesión social.

f) La educación para la prevención de conflictos.

El juego es por tanto una herramienta fundamental, permite la masificación de la actividad física, el respeto a su identidad, a sí mismo y a los demás, e incentiva el respeto a las reglas y el juego limpio (Mendoza, 2017). La

Organización de las Naciones Unidas para la Educación, la Ciencia y la Cultura (a partir de ahora UNESCO) (1980), menciona que esta actividad es tan preponderante en su existencia, que se diría que es la razón de ser de la infancia. Efectivamente, el juego es vital; condiciona un desarrollo armonioso del cuerpo, de la inteligencia y de la efectividad.

Son muchos los autores que han manifestado los diferentes aportes del juego dentro del ámbito educativo, tales como:

- Elemento motivador y propiciador de la participación activa en clase (Baena, 2016).

- Favorece el desarrollo intelectual, la atención, la memoria y el razonamiento. Logra desarrollar el pensamiento conceptual, lógico y abstracto (Crespillo, 2010).

- Permite construir los aprendizajes mediante la práctica, relacionando los conocimientos previos con los nuevos, con variedad de experiencias, facilitando el aprendizaje significativo (Ruiz, 2008).

- Parte del desarrollo de las habilidades motrices básicas, específicas, capacidades condicionales, expresivas, ayuda al desarrollo de las capacidades intelectuales, emocionales y habilidades sociales, fortaleciendo la empatía el saber compartir y la resiliencia (Becerro, 2013)

Se exponen a continuación el aporte didáctico de algunos de los juegos que se desarrollarán posteriormente (Mendoza, 2017):

Tabla 2. Aporte didáctico del juego del Elástico (Mendoza, 2017).

APORTE DIDÁCTICO JUEGO DEL ELÁSTICO	
DESARROLLO DE DESTREZAS	**ADAPTACIONES**
Desarrolla la agilidad, coordinación, ubicación temporal espacial, reproducción, introyección. Desarrolla valores como: el respeto, la colaboración.	Este juego popular puede ser adaptado para la escuela desde los 8 años. Se puede trabajar con un elástico más grande donde salten más niños a la vez. Se puede hacer variaciones de saltos como pisando el elástico, cambiando de frentes. En grupo tejidos simples con el elástico. Trabajar estrategias en equipos.

EDITORIAL WANCEULEN

Tabla 3. Aporte didáctico del juego de las Canicas (Mendoza, 2017).

APORTE DIDÁCTICO JUEGO DE LAS CANICAS	
DESARROLLO DE DESTREZAS	**ADAPTACIONES**
Desarrollo de la motricidad fina y gruesa, precisión, coordinación, puntería, ubicación espacial con el objeto, creatividad, introyección.	Se puede realizar una carrera de avanzadas utilizando dos canicas que se las chocara entre sí con un tingazo para avanzar, la distancia acordada. Otra adaptación consiste en lanzar las bolas por estaciones y en cada una realizar actividades que pueden ser cognitivas o físicas, gana el primero que termine el recorrido.

Tabla 4. Aporte didáctico del juego de la Rayuela (Mendoza, 2017).

APORTE DIDÁCTICO JUEGO DE LA RAYUELA	
DESARROLLO DE DESTREZAS	**ADAPTACIONES**
Desarrolla la motricidad gruesa; la coordinación viso motora; el equilibrio. Puntería; ubicación espacial; precisión; sociabilidad; orden y la introyección.	Este juego se puede realizar con diferentes diagramas, figuras, en caracol, en círculo. Se aumenta el grado de dificultad alternando los pies en el salto y la dirección. También para cada turno se puede contestar preguntas de operaciones Matemáticas o dibujarlas en el terreno donde se juegue. Se puede dibujar en el terreno donde se juegue, mapas con ubicaciones geográficas, ríos, regiones, ciudades, países para hacer el recorrido con la ficha o saltando.

Por otro lado, ajustándonos al marco escolar y sus valores educativos, Camerino (2007) y Expósito (2008), destacan los siguientes aspectos educativos:

- Moviliza las capacidades motrices y psicomotrices del alumno.
- Aumenta la dinámica del juego, generando una dosis alta de placer.
- Mejora la salud y las posibilidades de movimiento del adolescente.

- Contribuye a la educación en valores (cooperación, participación, respeto, aceptación, integración).
- No discrimina y puede coeducar con un tratamiento adecuado (Educación para la igualdad de oportunidades entre ambos sexos).
- Educa en la utilización de recursos disponibles (Educación para el Consumidor).
- Se centran en la participación y la integración (Educación Intercultural).
- Permite el conocimiento de diversas posibilidades de práctica en diferentes entornos.
- Mejora el equilibrio personal (autovaloración, autoestima, autoconcepto, empatía...).
- Dota de recursos para utilización constructiva del tiempo de ocio y recreo.
- Favorecer el uso de instalaciones y zonas de esparcimiento del entorno con lo que contribuimos a la integración del alumno.

En cuanto al contenido que de manera específica nos atañe, los juegos populares y tradicionales, éstos han sido un recurso muy utilizado dentro del área de EF. A lo largo de la historia, incluso antes de que esta materia fuese incluida dentro de los planes de estudio de Educación Primaria y Secundaria, han tenido cabida no sólo dentro de contexto escolar, sino a nivel recreacional y ocupacional en el tercer tiempo pedagógico. Así, Vizuete (1997), expresa que los juegos populares y los deportes autóctonos, han supuesto durante milenios la única escuela de formación física, de relaciones sociales y de aprendizaje para miles de personas en todo el mundo. Además, es considerado un patrimonio común que se encuentra agredido constantemente por los avances de la vida sedentaria y por la limitación de los espacios de juego como consecuencia del desarrollo urbano. Los juegos populares y tradicionales acrecientan el valorar las tradiciones y cultura de los pueblos, su práctica aportaría un gran bagaje de experiencias motoras y socioculturales (Mendoza, 2017).

El profesorado de EF en particular, puede aplicar los juegos tradicionales en la escuela desde varios puntos de vista. Puede ser utilizado como contenido en sí para ahondar en el conocimiento de culturas autóctonas de todo el mundo y como herramienta para desarrollar los diferentes aspectos psicomotores en la construcción del esquema corporal; para de esta manera, desarrollar la condición física, las habilidades básicas, y en general todos los contenidos de nuestro ámbito de una forma lúdica y divertida (Navacerrada, 2008). Los juegos populares y tradicionales aportan a nuestras clases de EF los siguientes valores educativos y didácticos (Mizrahi, 2006):

- Intercambio social y cultural con otras comunidades.
- Preservación de la cultura de una comunidad.
- Conocimiento del entorno próximo y lejano que rodea al alumno.
- Conocimiento de las manifestaciones sociales y culturales de la propia comunidad.
- Cooperación, participación, aceptación y colaboración con los demás (coeducación).
- Conocimiento de los lugares donde practicar actividad física.
- Integración y normalización de alumnos con Necesidades Específicas de Apoyo Educativo (NEAE).
- Respeto a compañeros, reglas, adversarios, profesor, árbitro...
- Concienciación al cuidado de los materiales puestos en práctica en el juego.
- Desarrollo de las cualidades físicas, motrices y coordinativas.
- Mejora y desarrolla la responsabilidad.
- Mejora de las relaciones entre el alumnado, autovaloración y autoestima.
- Implica cognitivamente al alumno al estar continuamente resolviendo problemas en función de la lógica interna del juego.
- Aumenta la motivación general hacia el área de EF.
- Hacen de hilo continuo para que el alumno introduzca la actividad física como rutina dentro de su quehacer diario.
- Propician la planificación del juego por parte de los participantes, la modificación de reglas (en función del jugador, espacio, material y tiempo); en definitiva, lo que busca el currículo del área de EF: la autonomía en la actividad física del alumno en su tiempo de ocio.

Dicho todo esto, se puede concluir que resulta prioritario el impulso de los juegos populares en los centros educativos por todos los aportes detallados y especialmente fortalecer su práctica en familia para acrecentar la buena convivencia, crear el sentido de pertenencia e identidad, robustecer la autoestima de todos los que participan, sin dejar de lado los beneficios que aportan en la salud y las experiencias motoras a los niños y niñas (Mendoza, 2017).

En definitiva, la propuesta para la materia de EF irá encaminada a ofrecer al alumnado una amplia gama de juegos populares y tradicionales, de cara a que el discente durante el proceso educativo y al finalizarlo, tenga la capacidad de conocer, elegir y practicar aquellos juegos propios de su entorno, siendo éstos transmisores de aspectos sociales y culturales.

4. MARCO CURRICULAR

En este apartado se expondrán las razones a nivel legislativo del por qué este proyecto se centra en el primer curso de la ESO, adaptando sus contenidos en los diferentes bloques existentes a las características psicoevolutivas del alumnado que nos atañe. Por otro lado, se verán igualmente reflejados los diferentes objetivos generales de etapa y de materia, así como las competencias claves.

Para contextualizar todo este marco curricular, comenzamos a continuación con el desarrollo de las características psicoevolutivas del alumnado.

4.1. CARACTERÍSTICAS PSICOEVOLUTIVAS DEL ALUMNADO

Siguiendo a autores como Coll, Palacios y Marchesi (2001), se pueden destacar una serie de características psicoevolutivas de este alumnado. Quedan expresadas en la siguiente tabla:

Tabla 5. Características psicoevolutivas del alumnado de 1º de ESO (Coll, Palacios y Marchesi, 2001).

CARACTERÍSTICAS PSICOEVOLUTIVAS
1. Capaces de realizar operaciones lógico-formales.
2. Capaces de abstraerse de la realidad y realizar generalizaciones.
3. Tienen gran imaginación y voluntad.
4. Les sigue atrayendo el juego.
5. Son sensibles a las críticas.
6. Se posicionan de forma crítica sobre injusticias.

De todas las características anteriormente citadas, resulta interesante destacar la relacionada con el juego, ya que el hilo conductor de este proyecto son los juegos populares y tradicionales. Coll, Palacios y Marchesi (2001), inciden en la importancia de seguir utilizando esta actividad lúdica como herramienta importante dentro de las clases de EF de 1º ESO puesto que es un recurso que sigue atrayendo al alumnado.

4.2. COMPETENCIAS CLAVE

Según la Orden ECD/65/2015, de 21 de enero, por la que se describen las relaciones entre las competencias, los contenidos y los criterios de evaluación de la educación primaria, la educación secundaria obligatoria y el bachillerato, las competencias clave del currículo son las siguientes (artículo 2):

Tabla 6. Competencias clave.

COMPETENCIAS CLAVE
1. Competencia en comunicación lingüística (a partir de ahora CCL).
2. Competencia matemática y competencias básicas en ciencia y tecnología (a partir de ahora CMCT).
3. Competencia digital (a partir de ahora CD).
4. Aprender a aprender (a partir de ahora CAA).
5. Competencias sociales y cívicas (a partir de ahora CSC).
6. Sentido de la iniciativa y espíritu emprendedor (a partir de ahora SIEP).
7. Conciencia y expresiones culturales (a partir de ahora CEC).

4.3. OBJETIVOS GENERALES DE ETAPA

El Real Decreto 1105/2014, de 26 de diciembre, por el que se establece el currículo básico de la ESO y del Bachillerato, establece que la ESO contribuirá a desarrollar en los alumnos y las alumnas las capacidades que les permitan:

Tabla 7. Objetivos Generales de Etapa de la Educación Secundaria Obligatoria.

OBJETIVOS GENERALES DE ETAPA
a) Asumir responsablemente sus deberes, conocer y ejercer sus derechos en el respeto a los demás, practicar la tolerancia, la cooperación y la solidaridad entre las personas y grupos, ejercitarse en el diálogo afianzando los derechos humanos y la igualdad de trato y de oportunidades entre mujeres y hombres, como valores comunes de una sociedad plural y prepararse para el ejercicio de la ciudadanía democrática.

OBJETIVOS GENERALES DE ETAPA
b) Desarrollar y consolidar hábitos de disciplina, estudio y trabajo individual y en equipo como condición necesaria para una realización eficaz de las tareas del aprendizaje y como medio de desarrollo personal.
c) Valorar y respetar la diferencia de sexos y la igualdad de derechos y oportunidades entre ellos. Rechazar la discriminación de las personas por razón de sexo o por cualquier otra condición o circunstancia personal o social. Rechazar los estereotipos que supongan discriminación entre hombres y mujeres, así como cualquier manifestación de violencia contra la mujer.
d) Fortalecer sus capacidades afectivas en todos los ámbitos de la personalidad y en sus relaciones con los demás, así como rechazar la violencia, los prejuicios de cualquier tipo, los comportamientos sexistas y resolver pacíficamente los conflictos.
e) Desarrollar destrezas básicas en la utilización de las fuentes de información para, con sentido crítico, adquirir nuevos conocimientos. Adquirir una preparación básica en el campo de las tecnologías, especialmente las de la información y la comunicación.
f) Concebir el conocimiento científico como un saber integrado, que se estructura en distintas disciplinas, así como conocer y aplicar los métodos para identificar los problemas en los diversos campos del conocimiento y de la experiencia.
g) Desarrollar el espíritu emprendedor y la confianza en sí mismo, la participación, el sentido crítico, la iniciativa personal y la capacidad para aprender a aprender, planificar, tomar decisiones y asumir responsabilidades.
h) Comprender y expresar con corrección, oralmente y por escrito, en la lengua castellana y, si la hubiere, en la lengua cooficial de la Comunidad Autónoma, textos y mensajes complejos, e iniciarse en el conocimiento, la lectura y el estudio de la literatura.
i) Comprender y expresarse en una o más lenguas extranjeras de manera apropiada.
j) Conocer, valorar y respetar los aspectos básicos de la cultura y la historia propias y de los demás, así como el patrimonio artístico y cultural.
k) Conocer y aceptar el funcionamiento del propio cuerpo y el de los otros, respetar las diferencias, afianzar los hábitos de cuidado y salud corporales e incorporar la EF y la práctica del deporte para favorecer el desarrollo personal y social. Conocer y valorar la dimensión humana de la sexualidad en toda su diversidad. Valorar críticamente los hábitos sociales relacionados con la salud, el consumo, el cuidado de los seres vivos y el medio ambiente, contribuyendo a su conservación y mejora.
l) Apreciar la creación artística y comprender el lenguaje de las distintas manifestaciones artísticas, utilizando diversos medios de expresión y representación.

Además de los objetivos citados anteriormente, debemos añadir los objetivos de etapa recogidos en el Decreto 111/2016:

Tabla 8. Objetivos Generales de Etapa (Decreto 111/2016).

OBJETIVOS GENERALES DE ETAPA
a) Conocer y apreciar las peculiaridades de la modalidad lingüística andaluza en todas sus variedades.
b) Conocer y apreciar los elementos específicos de la historia y la cultura andaluza, así como su medio físico y natural y otros hechos diferenciadores de nuestra Comunidad, para que sea valorada y respetada como patrimonio propio y en el marco de la cultura española y universal.

4.4. OBJETIVOS GENERALES DE MATERIA

Se exponen en este apartado los objetivos generales de cada una de las materias objeto del análisis que estamos realizando, desarrollados en la Orden del 14 de julio de 2016:

Tabla 9. Objetivos Generales de Materia de EF.

EDUCACIÓN FÍSICA (Orden 14 julio 2016)
1. Valorar e integrar los efectos positivos de la práctica regular y sistemática de actividad física saludable y de una alimentación sana y equilibrada en el desarrollo personal y social, adquiriendo hábitos que influyan en la mejora de la salud y la calidad de vida (a partir de ahora SyCV).
2. Mejorar la condición física y motriz (a partir de ahora CFyM), y conocer y valorar los efectos sobre las mismas de las diferentes actividades y métodos de trabajo, desde un punto de vista saludable y dentro de un estilo de vida activo.
3. Desarrollar y consolidar hábitos de vida saludable, prácticas de higiene postural y técnicas básicas de respiración y relajación como medio para reducir desequilibrios y aliviar tensiones tanto físicas como emocionales producidas en la vida cotidiana.
4. Participar en la planificación y organización de actividades físicas, coordinando su trabajo con el de otras personas para alcanzar los objetivos comunes establecidos.
5. Identificar las diferentes partes de una sesión de actividad física, seleccionando las actividades adecuadas en función del objetivo propuesto.

EDUCACIÓN FÍSICA (Orden 14 julio 2016)
6. Planificar, interpretar y valorar acciones motrices de índole artístico-creativa, expresiva y comunicativa de carácter tanto individual como grupal, utilizando el cuerpo como medio de comunicación y expresión, reconociéndolas como formas de creación, expresión y realización personal y prácticas de ocio activo.
7. Conocer y aplicar con éxito los principales fundamentos técnico-tácticos y/o habilidades motrices específicas de las actividades físico-deportivas tanto individuales como colectivas, en situaciones de oposición y en situaciones de colaboración con y sin oponentes, practicadas a lo largo de la etapa.
8. Identificar, prevenir y controlar las principales lesiones y riesgos derivados de la realización de actividades físicas, adoptando medidas preventivas y de seguridad, y activando, en caso necesario, los protocolos de actuación ante situaciones de emergencia.
9. Valorar la riqueza de los entornos naturales y urbanos de Andalucía así como la necesidad de su cuidado y conservación a través del uso y disfrute de los mismos mediante la práctica en ellos de distintas actividades físicas.
10. Desarrollar la capacidad crítica respecto al tratamiento del cuerpo y de cualquier práctica social y/o actividad física, discriminando sus elementos positivos y negativos, incluyendo su impacto ambiental, económico y social.
11. Mostrar habilidades y actitudes sociales de respeto, trabajo en equipo y deportividad en la participación en actividades físicas, juegos, deportes y actividades artístico-expresivas, independientemente de las diferencias culturales, sociales y de competencia motriz.
12. Utilizar responsablemente las TIC para recabar, presentar y compartir información sobre diferentes aspectos relacionados con la actividad física y el deporte, incluyendo su propia actividad, contrastando y citando las fuentes consultadas.

La enseñanza de las Matemáticas en la ESO en Andalucía, recogida en la Orden de 14 de julio de 2016, contribuirá a desarrollar en el alumnado capacidades que le permitan:

Tabla 10. Objetivos Generales de Materia de Matemáticas.

MATEMÁTICAS (Orden 14 julio 2016)
1. Mejorar la capacidad de pensamiento reflexivo y crítico e incorporar al lenguaje y modos de argumentación, la racionalidad y las formas de expresión y razonamiento matemático, tanto en los procesos matemáticos, científicos y tecnológicos como en los distintos ámbitos de la actividad humana.
2. Reconocer y plantear situaciones susceptibles de ser formuladas en términos matemáticos, elaborar y utilizar diferentes estrategias para abordarlas y analizar los resultados utilizando los recursos más apropiados.
3. Cuantificar aquellos aspectos de la realidad que permitan interpretarla mejor; utilizar técnicas de recogida de la información y procedimientos de medida, realizar el análisis de los datos mediante el uso de distintas clases de números y la selección de los cálculos apropiados a cada situación.
4. Identificar los elementos matemáticos (datos estadísticos, geométricos, gráficos, cálculos, etc.) presentes en los medios de comunicación, Internet, publicidad u otras fuentes de información, analizar críticamente las funciones que desempeñan estos elementos matemáticos y valorar su aportación para una mejor comprensión de los mensajes.
5. Identificar las formas y relaciones espaciales que encontramos en nuestro entorno; analizar las propiedades y relaciones geométricas implicadas y ser sensible a la belleza que generan, al tiempo que estimulan la creatividad y la imaginación.
6. Utilizar de forma adecuada las distintas herramientas tecnológicas (calculadora, ordenador, dispositivo móvil, pizarra digital interactiva, etc.), tanto para realizar cálculos como para buscar, tratar y representar información de índole diversa y también como ayuda en el aprendizaje.
7. Actuar ante los problemas que surgen en la vida cotidiana de acuerdo con métodos científicos y propios de la actividad matemática, tales como la exploración sistemática de alternativas, la precisión en el lenguaje, la flexibilidad para modificar el punto de vista o la perseverancia en la búsqueda de soluciones.
8. Elaborar estrategias personales para el análisis de situaciones concretas y la identificación y resolución de problemas, utilizando distintos recursos e instrumentos y valorando la conveniencia de las estrategias utilizadas en función del análisis de los resultados y de su carácter exacto o aproximado.

MATEMÁTICAS (Orden 14 julio 2016)
9. Manifestar una actitud positiva ante la resolución de problemas y mostrar confianza en su propia capacidad para enfrentarse a ellos con éxito, adquiriendo un nivel de autoestima adecuado que le permita disfrutar de los aspectos creativos, manipulativos, estéticos, prácticos y utilitarios de las matemáticas.
10. Integrar los conocimientos matemáticos en el conjunto de saberes que se van adquiriendo desde las distintas áreas de modo que puedan emplearse de forma creativa, analítica y crítica.
11. Valorar las matemáticas como parte integrante de la cultura andaluza, tanto desde un punto de vista histórico como desde la perspectiva de su papel en la sociedad actual. Aplicar las competencias matemáticas adquiridas para analizar y valorar fenómenos sociales como la diversidad cultural, el cuidado de los seres vivos y el medio ambiente, la salud, el consumo, el reconocimiento de la contribución de ambos sexos al desarrollo de nuestra sociedad y al conocimiento matemático acumulado por la humanidad, la aportación al crecimiento económico desde principios y modelos de desarrollo sostenible y utilidad social o convivencia pacífica.

4.5. CONTENIDOS

A continuación, exponemos los contenidos del bloque de JyD de todos los cursos de ESO:

Tabla 11. Bloque de JyD (1º de ESO).

CONTENIDOS 1º ESO BLOQUE JYD
Juegos predeportivos. Fundamentos técnicos y habilidades motrices específicas de las actividades físico-deportivas individuales y colectivas. Desarrollo de las habilidades gimnásticas deportivas y artísticas. Equilibrios individuales, por parejas y por grupos, volteos, saltos, etc. Principios tácticos comunes de las actividades físico-deportivas de colaboración, oposición y oposición-colaboración. Línea de pase, creación y ocupación de espacios, etc. La organización de ataque y de defensa en las actividades físico-deportivas de oposición o de colaboración-oposición. Objetivos del juego de ataque y defensa. Juegos alternativos, como por ejemplo: hockey escolar, ultimate, rugby escolar, etc. Juegos cooperativos. Fomento de actitudes de tolerancia y deportividad como participantes en actividades físico-deportivas. Aceptación del propio nivel de ejecución y disposición a la mejora. Desarrollo de habilidades de trabajo en equipo y la cooperación desde el respeto por el nivel individual. La actividad física y la corporalidad en el contexto social. **Los juegos populares y tradicionales de Andalucía.**

Tabla 12. Bloque de JyD (2º de ESO).

CONTENIDOS 2º ESO BLOQUE JYD
Fundamentos técnicos y habilidades motrices específicas básicas de las actividades físico-deportivas individuales y colectivas. Habilidades atléticas, carreras, saltos y lanzamientos. Fundamentos tácticos básicos y reglamentarios de las actividades físico-deportivas de colaboración, oposición y colaboración-oposición. Las fases del juego en los deportes colectivos. La organización de ataque y de defensa en las actividades físico-deportivas de colaboración-oposición seleccionadas. Estímulos que influyen en la toma de decisiones en las situaciones de colaboración-oposición, para cumplir el objetivo de la acción. La oportunidad de las soluciones aportadas ante situaciones motrices planteadas y su aplicabilidad a otras situaciones similares. Situaciones reducidas de juego. **Juegos populares y tradicionales.** Juegos alternativos y predeportivos. Fomento de actitudes de tolerancia y deportividad tanto en el papel de participante como de espectador o espectadora. Respeto y aceptación de las normas en los deportes de adversario y de las establecidas por el grupo. Desarrollo de habilidades del trabajo en equipo y la cooperación desde el respeto por el nivel individual.

Tabla 13. Bloque de JyD (3º de ESO).

CONTENIDOS 3º ESO BLOQUE JYD
Fundamentos técnicos-tácticos básicos y habilidades motrices específicas básicas de las actividades físico-deportivas individuales y colectivas seleccionadas. Deportes de raqueta como por ejemplo: bádminton, pádel, tenis de mesa, palas, etc. **Juegos populares y tradicionales.** Juegos alternativos y predeportivos. Los golpeos. El interés y la motivación como medio para la mejora en la práctica de actividades físico-deportivas. La organización de ataque y de defensa en las actividades físico-deportivas de colaboración-oposición seleccionadas. Puestos específicos. La oportunidad de las soluciones aportadas ante situaciones motrices planteadas y su aplicabilidad a otras situaciones similares. Situaciones reales de juego. Fomento de actitudes de tolerancia y deportividad tanto en el papel de participante como de espectador o espectadora. Análisis de situaciones del mundo deportivo real. Desarrollo de habilidades de trabajo en equipo y la cooperación desde el respeto por el nivel individual. Procedimientos básicos de evaluación de la propia ejecución con respecto a un modelo técnico-táctico. La actividad física y la corporalidad en el contexto social. Orígenes del deporte e historia de los Juegos Olímpicos. El deporte en Andalucía.

Tabla 14. Bloque de JyD (4º de ESO).

CONTENIDOS 4º ESO BLOQUE JYD
Habilidades específicas propias de situaciones motrices individuales y colectivas elegidas. **Juegos populares y tradicionales.** Juegos alternativos. La seguridad y el propio nivel de ejecución en las actividades físico-deportivas. Habilidades y estrategias específicas de las actividades de oposición, cooperación y colaboración-oposición, en función de distintos factores en cada caso: de las acciones del adversario o adversaria, de entre las propias del entorno, de los intereses del alumnado, de las intervenciones del resto de participantes, del intercambiando de los diferentes papeles con continuidad, del objetivo, etc. La percepción y toma de decisiones ante situaciones motrices variadas en función de las posibilidades de éxito de las mismas, y su relación con otras situaciones. Los procesos de percepción y de toma de decisión implicados en los diferentes tipos de situaciones motrices. Habilidades y estrategias o posibles soluciones para resolver problemas motores. Las características de cada participante. Los factores presentes en el entorno. Organización y realización de eventos en los que se practiquen deportes y/o actividades físicas realizadas a lo largo de la etapa. Actuaciones e intervenciones de las personas participantes en las actividades físico-deportivas reconociendo los méritos y respetando los niveles de competencia motriz y otras diferencias. Actitud crítica ante los comportamientos antideportivos, tanto desde el papel de participante, como de espectador o espectadora.

Podemos observar tras un pormenorizado análisis de estos contenidos de la materia de EF para el ciclo completo de la ESO, que los contenidos relacionados con los juegos populares y tradicionales se trabajan en todos los niveles, siendo sólo en 1º de ESO donde se concretan que estos juegos serán específicos de la Comunidad Autónoma de Andalucía. Es por este motivo, por lo que este libro se centra en dicho curso.

Tabla 15. Bloque de Juegos populares y tradicionales en los distintos cursos.

1º ESO	2º ESO	3º ESO	4º ESO
Los juegos populares y tradicionales de Andalucía.	Juegos populares y tradicionales.	Juegos populares y tradicionales.	Juegos populares y tradicionales.

4.5.1. CONTENIDOS 1º ESO

Se exponen a continuación los contenidos referenciados a 1º ESO tanto de Matemáticas como de EF, realizando adicionalmente una propuesta de aplicación práctica para esta última materia directamente relacionada con los juegos populares y tradicionales andaluces.

Tabla 16. Aplicación práctica contenidos 1º ESO (Bloque CFyM).

1º ESO EDUCACIÓN FÍSICA: Bloque 2. CFyM.	
CONTENIDO	**APLICACIÓN PRÁCTICA**
Juegos para la mejora de las capacidades físicas básicas y motrices.	PEPE Y PEPA: trabajo de la capacidad física básica la velocidad, tras intentar alcanzar a un compañero antes de que llegue a una zona.

Tabla 17. Aplicación práctica contenidos 1º ESO (Bloque JyD).

1º ESO EDUCACIÓN FÍSICA: Bloque 3. JyD.	
CONTENIDO	**APLICACIÓN PRÁCTICA**
Juegos predeportivos.	MATAR/BALÓN PRISIONERO: fundamentos técnico-tácticos de deportes de equipo (como por ejemplo el lanzamiento de balonmano).
Fundamentos técnicos y habilidades motrices específicas de las actividades físico-deportivas individuales y colectivas.	BOLOS: trabajo de la habilidad específica del lanzamiento con precisión del miembro superior.
Desarrollo de las habilidades gimnásticas deportivas y artísticas.	LA PÍDOLA: introducción a habilidades gimnásticas específicas a través del salto específico de la pídola.
Equilibrios individuales, por parejas y por grupos, volteos, saltos, etc.	LA RAYUELA: trabajo coordinativo y de equilibrio en apoyos unipodales y bipodales a la hora de realizar la Rayuela.
Principios tácticos comunes de las actividades físico-deportivas de colaboración, oposición y oposición-colaboración.	POLICÍAS Y LADRONES: tácticas cooperativas intrínsecas al juego para progresar al objetivo común de los participantes de atrapar a todos los ladrones.
Línea de pase, creación y ocupación de espacios, etc.	CORTAHILOS: trabajo del timing en ayuda a un compañero que está siendo perseguido.
La organización de ataque y de defensa en las actividades físico-deportivas de oposición o de colaboración-oposición.	MATAR/BALÓN PRISIONERO: organizaciones de lanzamientos entre un mismo equipo para búsqueda de objetivos rivales.

1º ESO EDUCACIÓN FÍSICA: Bloque 3. JyD.	
CONTENIDO	**APLICACIÓN PRÁCTICA**
Juegos cooperativos.	CARRETILLAS: adaptación a la velocidad de desplazamiento del compañero que sólo apoya las manos para recorrer la distancia lo antes posible.
Fomento de actitudes de tolerancia y deportividad como participantes en actividades físico-deportivas.	ZAPATILLA POR DETRÁS: respeto a las normas preestablecidas y muestra de tolerancia y deportividad con los diferentes participantes.
Aceptación del propio nivel de ejecución y disposición a la mejora.	PETANCA: aceptación de nuestro nivel de ejecución de lanzamiento y mostrar propuestas de mejora.
Desarrollo de habilidades de trabajo en equipo y la cooperación desde el respeto por el nivel individual.	SILLETA DE LA REINA: cooperación con los compañeros para formar la figura de la silleta de la reina.

Tabla 18. Aplicación práctica contenidos 1º ESO (Bloque EC).

1º ESO EDUCACIÓN FÍSICA: Bloque 4. EC.	
CONTENIDO	**APLICACIÓN PRÁCTICA**
Juegos de EC.	POLLITO INGLÉS: expresión de diferentes figuras, emociones o expresiones cuando el Pollito Inglés deja de cantar.
Juegos rítmicos, malabares, combas, etc.	COMBAS: vinculación directa con el contenido de combas.

Tabla 19. Aplicación práctica contenidos 1º ESO (Bloque Actividad Física en el Medio Natural (a partir de ahora AFMN)).

1º ESO EDUCACIÓN FÍSICA: Bloque 5. AFMN.	
CONTENIDO	**APLICACIÓN PRÁCTICA**
Realización de AFMN como medio para la mejora de la SyCV y ocupación activa del ocio y tiempo libre, como por ejemplo juegos de trepa, marcha, marcha nórdica, etc.	PILLA PILLA: realización del juego en el medio natural como herramienta para mejorar la SyCV.
	LAS CUATRO ESQUINAS: realización del juego en el medio natural como recurso para ocupación activa del ocio y tiempo libre.

Se exponen a continuación los contenidos relacionados con 1º de ESO en la materia de Matemáticas:

Tabla 20. Bloque 1. Procesos, métodos, y actitudes en Matemáticas.

Bloque 1. Procesos, métodos y actitudes en Matemáticas.
Planificación del proceso de resolución de problemas. Estrategias y procedimientos puestos en práctica: uso del lenguaje apropiado (gráfico, numérico, algebraico, etc.), reformulación del problema, resolver subproblemas, recuento exhaustivo, empezar por casos particulares sencillos, buscar regularidades y leyes, etc. Reflexión sobre los resultados: revisión de las operaciones utilizadas, asignación de unidades a los resultados, comprobación e interpretación de las soluciones en el contexto de la situación, búsqueda de otras formas de resolución, etc. Planteamiento de investigaciones matemáticas escolares en contextos numéricos, geométricos, funcionales, estadísticos y probabilísticos. Práctica de los procesos de matematización y modelización, en contextos de la realidad y en contextos matemáticos. Confianza en las propias capacidades para desarrollar actitudes adecuadas y afrontar las dificultades propias del trabajo científico. Utilización de medios tecnológicos en el proceso de aprendizaje para: a) la recogida ordenada y la organización de datos; b) la elaboración y creación de representaciones gráficas de datos numéricos, funcionales o estadísticos; c) facilitar la comprensión de propiedades geométricas o funcionales y la realización de cálculos de tipo numérico, algebraico o estadístico; d) el diseño de simulaciones y la elaboración de predicciones sobre situaciones matemáticas diversas; e) la elaboración de informes y documentos sobre los procesos llevados a cabo y los resultados y conclusiones obtenidos; f) comunicar y compartir, en entornos apropiados, la información y las ideas matemáticas.

Tabla 21. Bloque 2. Números y Álgebra.

Bloque 2. Números y Álgebra.
Los números naturales. Divisibilidad de los números naturales. Criterios de divisibilidad. Números primos y compuestos. Descomposición de un número en factores primos. Múltiplos y divisores comunes a varios números. Máximo común divisor y mínimo común múltiplo de dos o más números naturales. Números negativos. Significado y utilización en contextos reales. Números enteros. Representación, ordenación en la recta numérica y operaciones. Operaciones con calculadora. Fracciones en entornos cotidianos. Fracciones equivalentes. Comparación de fracciones. Representación, ordenación y operaciones. Números decimales. Representación, ordenación y operaciones. Relación entre fracciones y decimales. Jerarquía de las operaciones. Cálculos con porcentajes (mental, manual, calculadora). Razón y proporción. Magnitudes directa e inversamente proporcionales. Constante de proporcionalidad. Resolución de problemas en los que intervenga la proporcionalidad directa o inversa o variaciones porcentuales. Elaboración y utilización de estrategias para el cálculo mental, para el cálculo aproximado y para el cálculo con calculadora u otros medios tecnológicos. Iniciación al lenguaje algebraico. Traducción de expresiones del lenguaje cotidiano, que representen situaciones reales, al algebraico y viceversa. El lenguaje algebraico para generalizar propiedades y simbolizar relaciones. Valor numérico de una expresión algebraica. Operaciones con expresiones algebraicas sencillas. Ecuaciones de primer grado con una incógnita (métodos algebraico y gráfico). Resolución. Interpretación de las soluciones. Ecuaciones sin solución. Introducción a la resolución de problemas.

Tabla 22. Bloque 3. Geometría.

Bloque 3. Geometría.
Elementos básicos de la geometría del plano. Relaciones y propiedades de figuras en el plano: paralelismo y perpendicularidad. Ángulos y sus relaciones. Construcciones geométricas sencillas: mediatriz, bisectriz. Propiedades. Figuras planas elementales: triángulo, cuadrado, figuras poligonales. Clasificación de triángulos y cuadriláteros. El triángulo cordobés: concepto y construcción. El rectángulo cordobés y sus aplicaciones en la arquitectura andaluza. Propiedades y relaciones. Medida y cálculo de ángulos de figuras planas. Cálculo de áreas y perímetros de figuras planas. Cálculo de áreas por descomposición en figuras simples. Circunferencia, círculo, arcos y sectores circulares. Uso de herramientas informáticas para estudiar formas, configuraciones y relaciones geométricas.

Tabla 23. Bloque 4. Funciones.

Bloque 4. Funciones.
Coordenadas cartesianas: representación e identificación de puntos en un sistema de ejes coordenados. Organización de datos en tablas de valores. Utilización de calculadoras gráficas y programas de ordenador para la construcción e interpretación de gráficas.

Tabla 24. Bloque 5. Estadística y probabilidad.

Bloque 5. Estadística y probabilidad.
Población e individuo. Muestra. Variables estadísticas. Variables cualitativas y cuantitativas. Frecuencias absolutas y relativas. Organización en tablas de datos recogidos en una experiencia. Diagramas de barras y de sectores. Polígonos de frecuencias. Fenómenos deterministas y aleatorios. Formulación de conjeturas sobre el comportamiento de fenómenos aleatorios sencillos y diseño de experiencias para su comprobación. Frecuencia relativa de un suceso y su aproximación a la probabilidad mediante la simulación o experimentación. Sucesos elementales equiprobables y no equiprobables. Espacio muestral en experimentos sencillos. Tablas y diagramas de árbol sencillos. Cálculo de probabilidades mediante la regla de Laplace en experimentos sencillos.

4.5.2. CONTENIDOS 6º PRIMARIA Y 2º ESO

Una vez analizado el marco curricular del alumnado que vamos a abordar y que es objetivo principal de este proyecto, creemos importante recabar información curricular acerca de los cursos 6º de Primaria y 2º de ESO para marcar un punto de partida (de dónde venimos) y unos objetivos (hacia dónde vamos). A continuación, se desarrollan dichos contenidos donde además se presenta una propuesta práctica para los contenidos que guardan estrecha relación con los juegos populares y tradicionales en la materia de EF en 2º ESO.

Tabla 25. Bloques de contenidos de EF de 6º de Primaria.

Educación Física 6º de Primaria	
Bloque 1, "El cuerpo y sus habilidades perceptivo motrices".	Desarrolla los contenidos básicos de la etapa que servirán para posteriores aprendizajes más complejos, donde seguir desarrollando una amplia competencia motriz. Se trabajará la autoestima y el autoconocimiento de forma constructiva y con miras a un desarrollo integral del alumnado.

Educación Física 6º de Primaria	
Bloque 2, "La EF como favorecedora de salud".	Está centrado en la consolidación de hábitos de vida saludable, de protocolos de seguridad antes, durante y después de la actividad física y en la reflexión cada vez más autónoma frente a hábitos perjudiciales. Este bloque tendrá un claro componente transversal.
Bloque 3, "La EC: expresión y creación artística".	Se refiere al uso del movimiento para comunicarse y expresarse, con creatividad e imaginación.
Bloque 4, "El juego y el deporte escolar".	Desarrolla contenidos sobre la realización de diferentes tipos de JyD entendidos como manifestaciones culturales y sociales de la motricidad humana. El juego, además de ser un recurso recurrente dentro del área, tiene una dimensión cultural y antropológica.

Tabla 26. Aplicación práctica contenidos 2º de ESO (Bloque JyD).

2º ESO EDUCACIÓN FÍSICA. Bloque 3. JyD.	
CONTENIDO	**APLICACIÓN PRÁCTICA**
Fundamentos técnicos y habilidades motrices específicas básicas de las actividades físico-deportivas individuales y colectivas.	CANICAS/CHAPAS: trabajo del lanzamiento de precisión como desarrollo de la habilidad motriz específica de los miembros superiores.
Habilidades atléticas, carreras, saltos y lanzamientos.	CARRERA DE SACOS: trabajo de salto a pies juntos en la modalidad de carreras de relevo de sacos.
Fundamentos tácticos básicos y reglamentarios de las actividades físico-deportivas de colaboración, oposición y colaboración-oposición.	POLICIAS Y LADRONES: tácticas cooperativas intrínsecas al juego para alcanzar el objetivo común de los participantes de atrapar a todos los ladrones.
Las fases del juego en los deportes colectivos.	MATAR/BALÓN PRISIONERO: transiciones en ataque y defensa en el momento que lanza un participante (fase de ataque) y evita que el balón lanzado por un compañero le alcance (defensa).
La organización de ataque y de defensa en las actividades físico-deportivas de colaboración-oposición seleccionadas.	GAVILÁN: organización de los gavilanes para buscar a un objetivo común, atrapar a un participante.

2º ESO EDUCACIÓN FÍSICA. Bloque 3. JyD.	
CONTENIDO	**APLICACIÓN PRÁCTICA**
La oportunidad de las soluciones aportadas ante situaciones motrices planteadas y su aplicabilidad a otras situaciones similares.	ELÁSTICO: aportar situaciones creativas ante las demandas de formar figuras geométricas indicadas por el profesor.
Situaciones reducidas de juego.	1X2: trabajo en pequeños grupos de buscar un objetivo para lanzar el balón.
Juegos alternativos y predeportivos.	GAVILÁN: búsqueda de espacios libres para superar a los gavilanes como fundamento táctico en deportes de equipo.
Fomento de actitudes de tolerancia y deportividad tanto en el papel de participante como de espectador o espectadora.	CARA O CRUZ: aceptación del resultado dependiente del azar.
Respeto y aceptación de las normas en los deportes de adversario y de las establecidas por el grupo.	SOGATIRA: aceptación de las normas impuestas dentro del desarrollo de la actividad.
Desarrollo de habilidades del trabajo en equipo y la cooperación desde el respeto por el nivel individual.	ELÁSTICO: cooperación entre compañeros para formar las distintas formas geométricas dictadas por el profesor.

Tabla 27. Aplicación práctica contenidos 2º ESO (Bloque EC).

2º ESO EDUCACIÓN FÍSICA. Bloque 4. EC.	
CONTENIDO	**APLICACIÓN PRÁCTICA**
Juegos de EC: presentación, desinhibición, imitación, etc.	POLLITO INGLÉS: expresión de diferentes figuras, emociones o expresiones cuando el Pollito Inglés deja de cantar.
El mimo y el juego dramático.	POLLITO INGLÉS: toma de diferentes emociones o expresiones mímicas cuando el Pollito Inglés deja de cantar.

Tabla 28. Aplicación práctica contenidos 2º ESO (Bloque AFMN).

2º ESO EDUCACIÓN FÍSICA. Bloque 5. AFMN.	
CONTENIDO	**APLICACIÓN PRÁCTICA**
Juegos de pistas y orientación.	Gimkana de retos cooperativos a través de juegos populares y tradicionales.

5. BATERÍA DE JUEGOS COMO RECURSO DIDÁCTICO

Juego 1:   PAÑUELITO

DESCRIPCIÓN:

El grupo se divide en dos equipos, se le asignará a cada miembro un número para que cuando se diga dicho número de manera aleatoria, se dirija a coger el pañuelo y traerlo de vuelta a su zona sin ser pillado por el análogo del equipo contrario.

VARIANTE:

Modificar la forma de coger y llevar el pañuelo a meta (un solo apoyo o a pata coja; saltando con los dos pies; imitando a animales; haciendo skipping; carrera lateral; carrera lateral cruzando pies; etc.).

VARIANTE MATEMÁTICA:

Se dirán diferentes operaciones sencillas que darán lugar a un número. Dicho número será el que dará señal al miembro que lo haya elegido, para salir a por el pañuelo.

Juego 2:   **PEPE Y PEPA**

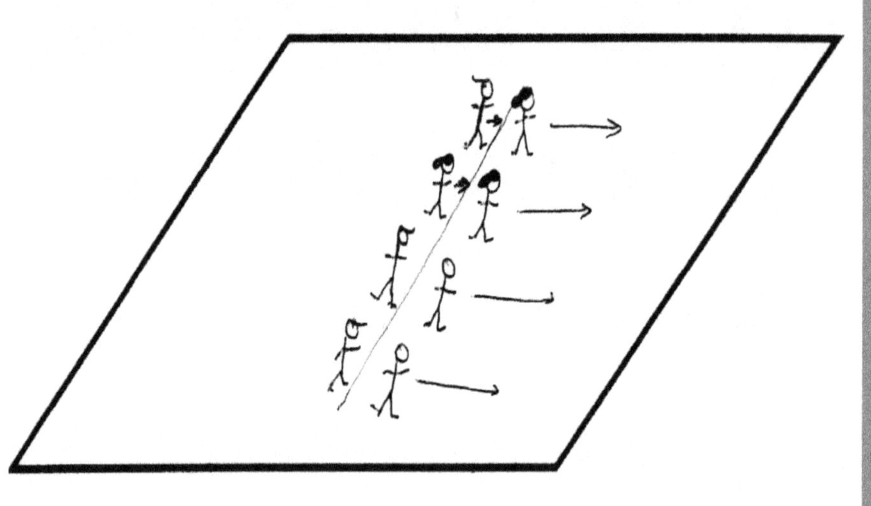

DESCRIPCIÓN:

Se formarán dos grupos colocados de espaldas unos a otros, asignados cada uno de ellos al nombre de PEPE o PEPA. Cuando se diga PEPE o PEPA de manera aleatoria, los participantes del grupo que pertenezcan a dicho nombre, tendrán que llegar a una zona sin ser pillados por el rival colocado de espalda suya.

VARIANTE:

Modificar tanto la posición inicial (sentados de frente o de cara a su compañero o tumbados en el suelo) como la forma de desplazamiento (un solo apoyo o a pata coja; saltando con los dos pies; imitando a animales; haciendo skipping; carrera lateral; carrera lateral cruzando pies; etc.).

VARIANTE MATEMÁTICA:

En lugar de PEPE o PEPA serán asignados a números pares o impares. Se dirán diferentes operaciones sencillas que darán lugar a un número. Dicho número será el que dará señal para correr y no ser pillado.

EDITORIAL WANCEULEN

Juego 3: CARRERA DE RELEVOS

DESCRIPCIÓN:

Se realiza una carrera de relevos donde todos los miembros de un grupo tendrán que realizar un recorrido y volver a su zona de partida, de manera consecutiva uno detrás de otro.

VARIANTE:

Modificar la forma de desplazamiento (un solo apoyo o a pata coja; saltando con los dos pies; imitando a animales; haciendo skipping; carrera lateral; carrera lateral cruzando pies; etc.) o variar el propio recorrido.

VARIANTE MATEMÁTICA:

Cada miembro antes de salir para realizar el recorrido, deberá realizar un cálculo o problema matemático.

Juego 4:   PILLA PILLA

DESCRIPCIÓN:

En una zona delimitada donde se colocarán todos los participantes, habrá un miembro que intentará pillar al resto. Cuando consiga pillar a un compañero o compañera se intercambiarán los roles.

VARIANTE:

Modificar la forma de desplazamiento (un solo apoyo o a pata coja; saltando con los dos pies; imitando a animales; haciendo skipping; carrera lateral; carrera lateral cruzando pies; etc.).

VARIANTE MATEMÁTICA:

El docente dirá un estímulo, un número o cálculo matemático cuyo resultado será el número de personas que se deben agrupar.

Juego 5:   LAS CUATRO ESQUINAS

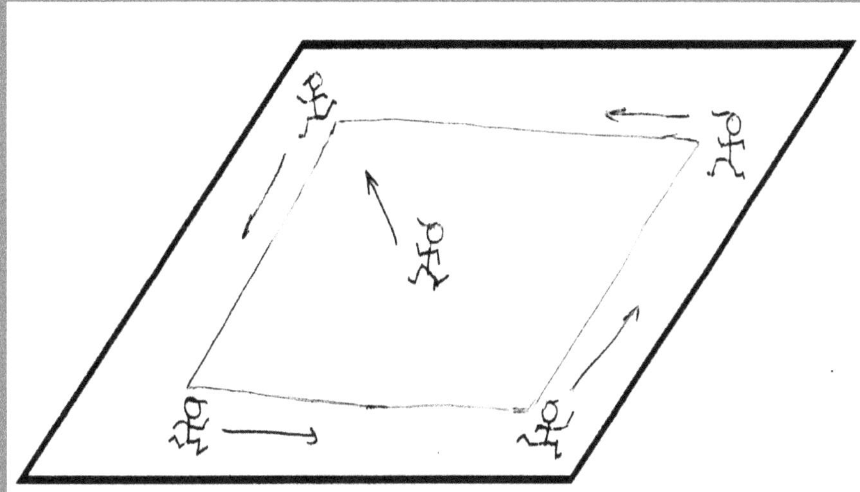

DESCRIPCIÓN:

Dada la disposición de un cuadrado, se colocarán cuatro miembros en sus respectivas esquinas, más uno más en medio. A la señal, se realizará un desplazamiento para ocupar un lugar diferente al inicial. El miembro que no consiga llegar antes que algún compañero a una de las cuatro esquinas del cuadrado, la quedará y se colocará en medio para volver a repetir la dinámica.

VARIANTE:

Variar la forma de desplazamiento.

VARIANTE MATEMÁTICA:

Los diferentes grupos se colocarán atendiendo a diferentes figuras geométricas: triángulo (grupos de cuatro, tres en esquinas), pentágono (grupos de seis, cinco en esquina). Por otro lado, se puede variar el estímulo inicial haciendo referencias a cálculos matemáticos. Por ejemplo, la señal es válida cuando el número u operación sea un número par/impar, múltiplo de 2/3, etc.

Juego 6:   LA RAYUELA

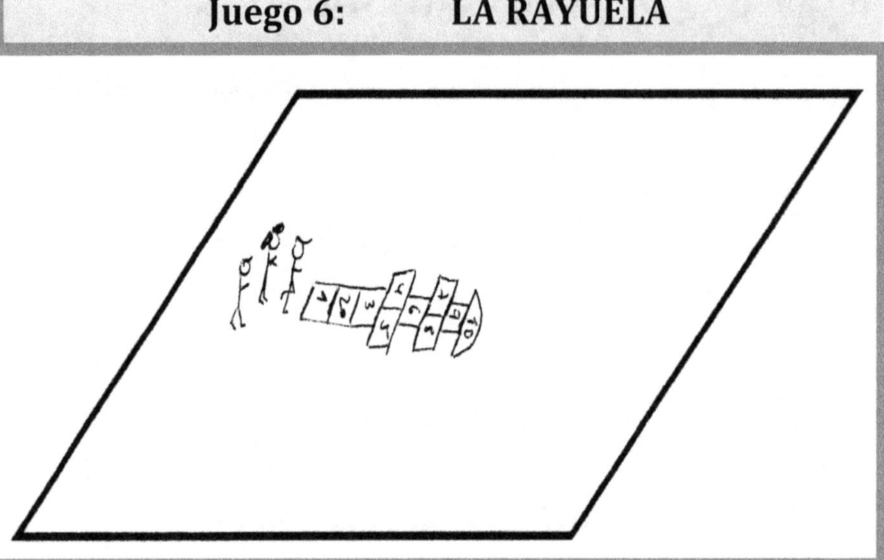

DESCRIPCIÓN:

Cada estudiante colocado en frente de la rayuela, deberá lanzar una piedra a la primera casilla, sin que se salga de la misma y sin tocar las líneas. Se realizará el recorrido saltando con un apoyo en las casillas, o con dos apoyos en las casillas dobles; y sin pisar la casilla donde esté la piedra. Al finalizar el recorrido de ida y vuelta con éxito y cogiendo la piedra durante el mismo, pasamos a lanzar la piedra a la siguiente casilla. Si se incumple algunas normas citadas, se pasará de turno. Gana el participante que completa todo el recorrido.

VARIANTE:

Realizar competiciones con varias rayuelas paralelas.

VARIANTE MATEMÁTICA:

Antes de la salida, se deberá realizar correctamente una operación matemática. Se puede utilizar la variante de competiciones con rayuelas paralelas nombrada.

Juego 7:   CORTAHILOS

DESCRIPCIÓN:

Entre todos los participantes, habrá uno que la quede y deberá decir en alto el nombre de un jugador. Contará hasta tres y saldrá a perseguir al participante nombrado. Cualquier jugador que se cruce entre el perseguidor y el perseguido, será el nuevo perseguido.

VARIANTE:

Modificar la forma de desplazamiento (un solo apoyo o a pata coja; saltando con los dos pies; imitando a animales; haciendo skipping; carrera lateral; carrera lateral cruzando pies; etc.).

VARIANTE MATEMÁTICA:

Cuando el perseguidor consiga pillar al perseguido, deberá resolver un cálculo matemático. En el caso que lo resuelva erróneamente, seguirá teniendo el rol de perseguidor.

Juego 8:   PIES QUIETOS

DESCRIPCIÓN:

Todos los estudiantes se repartirán por las distintas zonas del campo. Uno de ellos se colocará en medio y dirá el nombre de un compañero, para posteriormente lanzar un balón aleatoriamente por el aire. El participante nombrado, deberá coger el balón mientras todos se alejan de él. Cuando coja el balón dirá: "PIES QUIETOS", y todos se deberán parar. El participante con balón podrá dar tres pases y posteriormente lanzarlo para intentar darle a un compañero. Se intercambian los roles.

VARIANTE MATEMÁTICA:

Se le asignará un número a cada participante. El jugador que la queda dirá un número o cálculo matemático, cuyo resultado corresponderá al número asignado por un compañero y que por lo tanto deberá ir a por el balón.

Juego 9: UNO, DOS, TRES, POLLITO INGLÉS

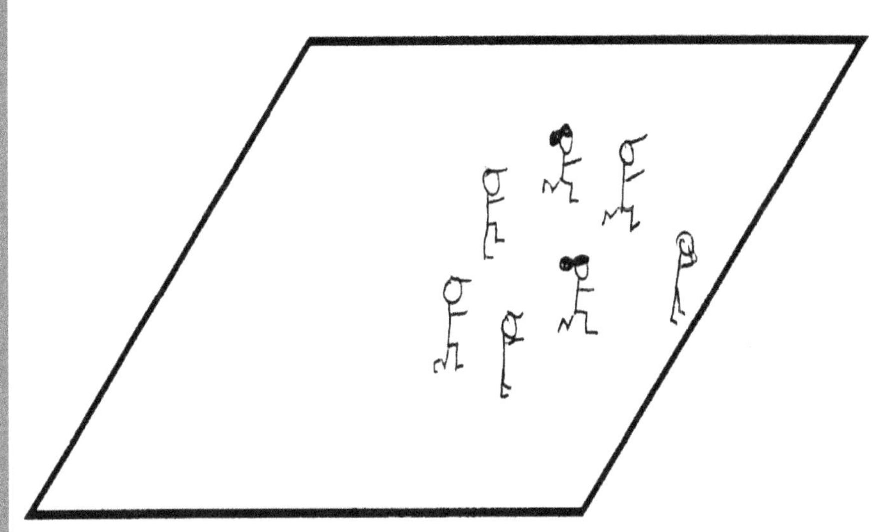

DESCRIPCIÓN:

Un participante se colocará de cara a la pared (el pollito inglés), mientras que el resto tendrán el objetivo de llegar a la pared sin ser visto por dicho participante. Mientras el pollito inglés, estando en dicha posición, canta "UNO, DOS, TRES, POLLITO INGLES", los demás se desplazarán para intentar acercarse a la pared. Cuando termina la canción, volverá la vista hacia los demás. En dicho momento nadie puede moverse; si el pollito inglés descubre a alguien moviéndose será desplazado hacia el inicio.

VARIANTE MATEMÁTICA:

El pollito inglés deberá proponer cálculos matemáticos que los participantes, en el momento que no se mueven, deberán resolver. Si no los resuelve correctamente o se mueve, se desplazará al inicio.

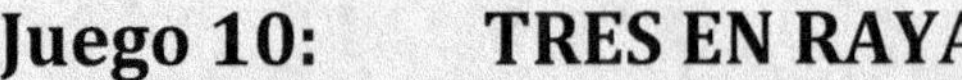

Juego 10:　　TRES EN RAYA

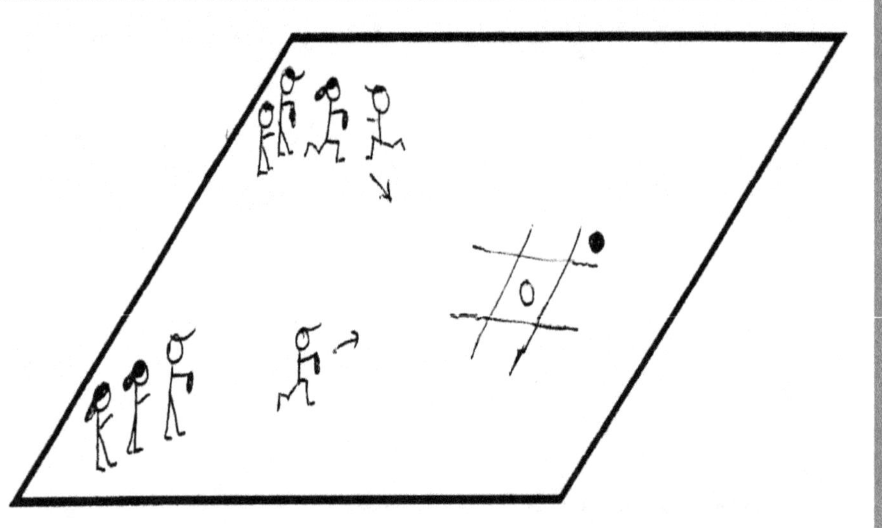

DESCRIPCIÓN:

Se realizarán carreras de relevos por equipos, donde los tres primeros estudiantes de cada equipo llevarán un peto. El juego consiste en hacer 3 en raya lo más rápido posible, depositando los petos dentro de nueve casillas (colocados en tres filas y tres columnas). Si los tres primeros estudiantes no consiguen realizar el 3 en raya, los siguientes participantes deberán desplazar uno de los petos colocados de su equipo para seguir intentándolo.

VARIANTE MATEMÁTICA:

Cada discente antes de salir a colocar su peto o variar la posición de uno ya puesto, deberá solventar correctamente una operación matemática dada.

Juego 11:   COMBAS

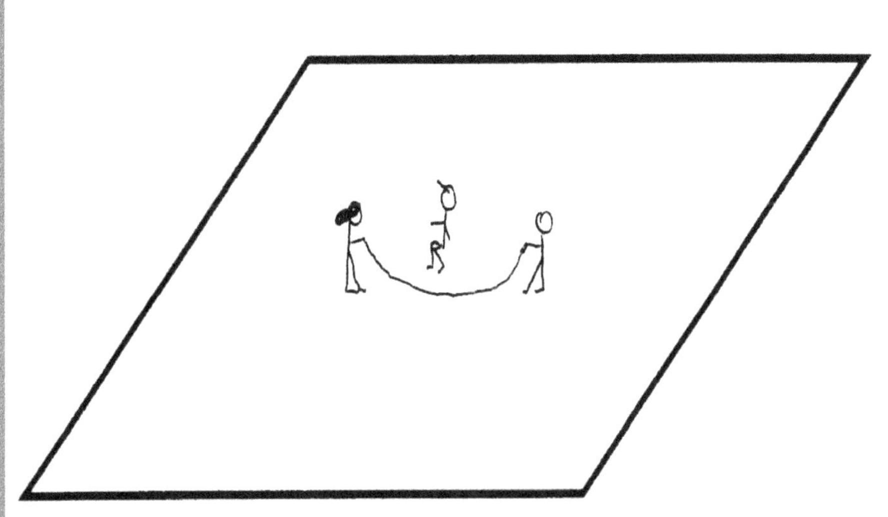

DESCRIPCIÓN:

Dos personas del grupo se ponen en el extremo de una comba larga. Ésta debe dibujar un arco amplio y tocar el suelo cuando baja. Los demás participantes, están en fila y van entrando para saltar uno a uno hasta que todos estés saltando.

VARIANTE MATEMÁTICA:

Por parejas, el participante que salta a la comba deberá resolver operaciones matemáticas expuestas por su pareja.

Juego 12:   1x2

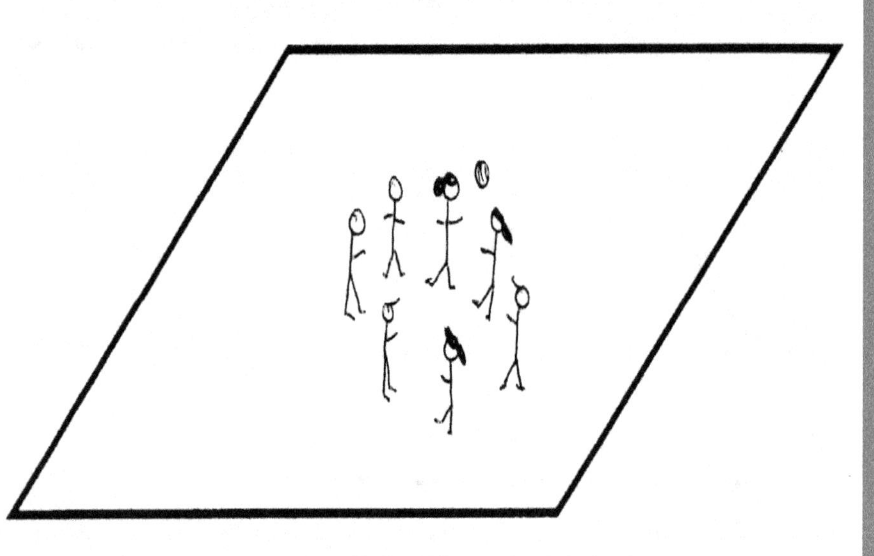

DESCRIPCIÓN:

Los discentes se colocarán en un círculo donde se pasarán una pelota sin que caiga al suelo. El primero en pasar debe decir "UNO", el segundo "EQUIS" y el tercero "DOS". El alumno o alumna que diga "DOS", debe lanzar el balón para intentar darle a algún compañero o compañera. Si consigue contactar el balón con dicho participante, el mismo será eliminado; sin embargo si coge el balón sin que se caiga al suelo, el participante eliminado será el que haya golpeado diciendo "DOS".

VARIANTE MATEMÁTICA:

El discente que sea eliminado, se deberá ir a un lugar preestablecido donde deberá resolver un problema u operación matemática. Cuando lo resuelva correctamente, podrá volver a participar.

Juego 13:   BOLOS

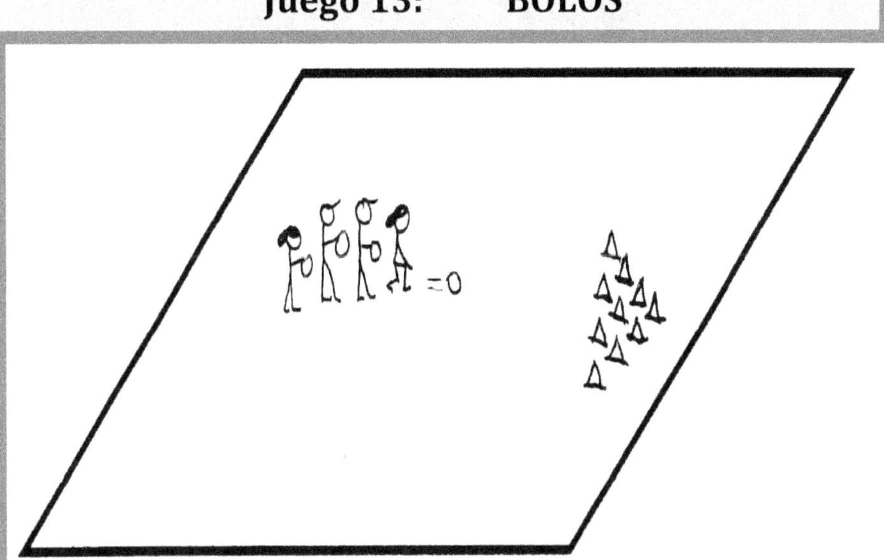

DESCRIPCIÓN:

Consiste en derribar por parte de cada participante el mayor número posible de bolos lanzando una bola desde una distancia dada.

VARIANTE:

Competiciones por equipos.

VARIANTE MATEMÁTICA:

Por cada lanzamiento de cada participante, podrá doblar la puntuación obtenida si resuelve correctamente un problema u operación matemática dada.

Juego 14:   PETANCA

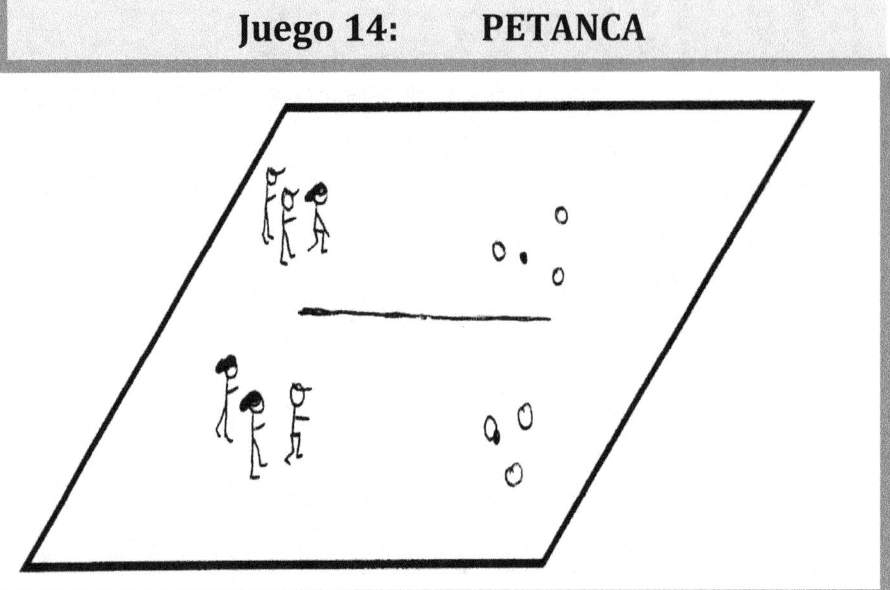

DESCRIPCIÓN:

Se trata de lanzar bolas tan cerca como sea posible de una bola de menor tamaño (boliche). Al comenzar, se lanza la bola más pequeña o boliche, entre 6-10 metros de distancia y mínimo a 1 metro de cualquier obstáculo. Cada jugador lanzará por turnos una bola, hasta un máximo de 3 (si se juega individual o equipos de dos jugadores) o dos (si se juega en dos equipos de 3 jugadores), intentando que queden lo más cercano al boliche.

VARIANTES:

Variar el número de posibles bolas lanzadas según disponibilidad de material o de participantes.

VARIANTE MATEMÁTICA:

Tanto en la modalidad individual como por equipos, cada participante obtendrá una bola para lanzar en el caso de que resuelva correctamente un problema u operación matemática dada.

Juego 15:   SOGATIRA

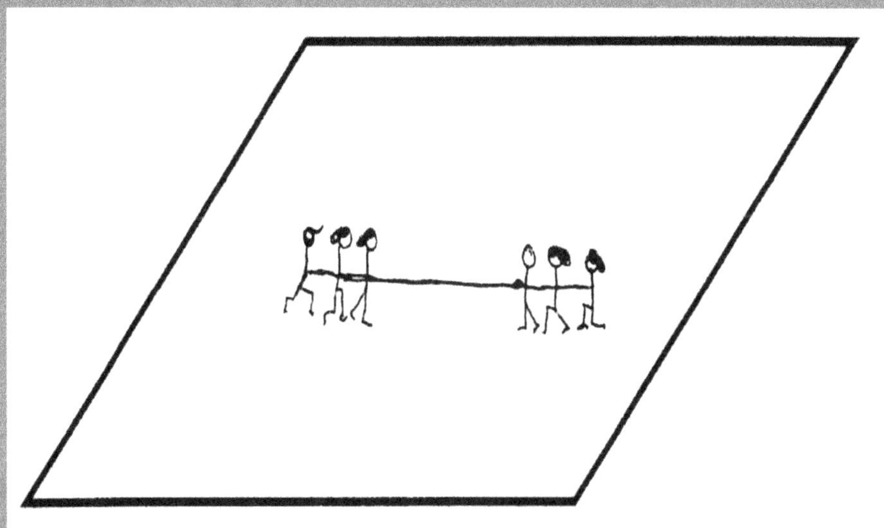

DESCRIPCIÓN:

Se divide al alumnado en dos grupos, alineados al final de una soga o cuerda. La cuerda estará marcada con una marca en su centro y dos marcas adicionales a cuatro metros del mismo. Los participantes de cada equipo intentarán tirar de la cuerda en dirección contrario al rival, hasta que la marca más cercana al equipo rival supere la línea central.

VARIANTE MATEMÁTICA:

Cada equipo empezará a tirar con un estudiante menos. Dicho participante podrá unirse tras resolver un problema u operación matemática expuesta en una zona predeterminada. Cuando la resuelva, le hará relevo a otro compañero para que éste resuelva otro problema u operación matemática.

Juego 16:   CARA O CRUZ

DESCRIPCIÓN:

Se lanza la moneda al aire y se deja caer para ver qué lado queda arriba. Previo al lanzamiento cada estudiante elige un lado de la moneda (cara o cruz). Gana quién haya acertado el lado de la moneda que caerá hacia arriba.

VARIANTE:

Se realiza un circuito motriz, donde al terminar se jugará al juego descrito contra el docente. Se realiza por tiempos, de tal manera que ganará aquel que trascurridos el tiempo determinado haya conseguido más victorias. Posibilidad de hacerlo por equipos.

VARIANTE MATEMÁTICA:

Antes de realizar el circuito motriz, resolver correctamente una operación o problema matemático.

Juego 17:   ZAPATILLA POR DETRÁS

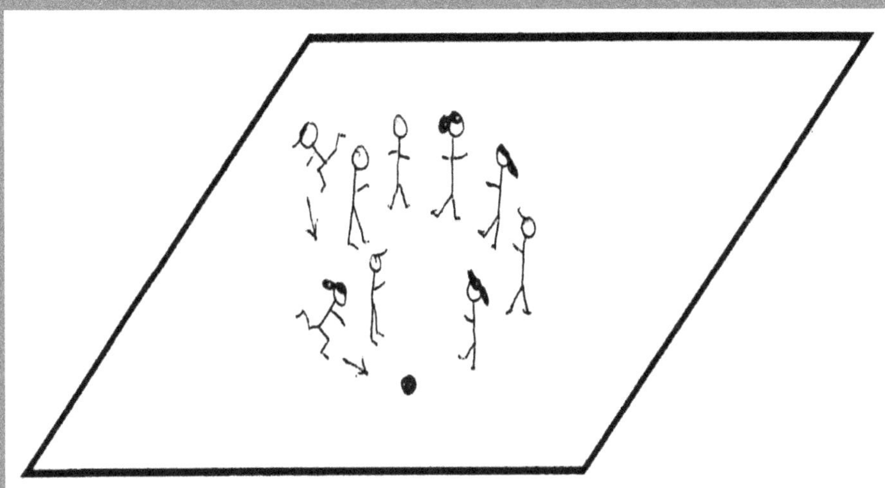

DESCRIPCIÓN:

Previo al inicio del juego se determina a algún alumno o alumna que la queda (el "diablo"). Colocados en un círculo, los discentes cantan la canción "A la zapatilla por detrás, tris-tras. Ni la ves ni la verás, tris-tras. Mirar para arriba, que caen judías. Mirar para abajo, que caen garbanzos. ¡A callar, a callar, que el diablo va a pasar!" con los ojos cerrados. El "diablo" tendrá que dejar un objeto a la espalda de un participante que al abrir los ojos y encontrárselo, deberá salir corriendo detrás del 'diablo' para pillarle.

VARIANTE MATEMÁTICA:

Se realizarán dos equipos dentro del juego descrito. A un estímulo del docente, cada equipo se dirige a zona de trabajo para ponerse en disposición de una figura geométrica que dirá el profesor. Gana el equipo que se pongan todos en el suelo formando dicha forma geométrica. La partida posterior jugará con dicha forma geométrica en lugar del tradicional círculo.

Juego 18:   CANICAS

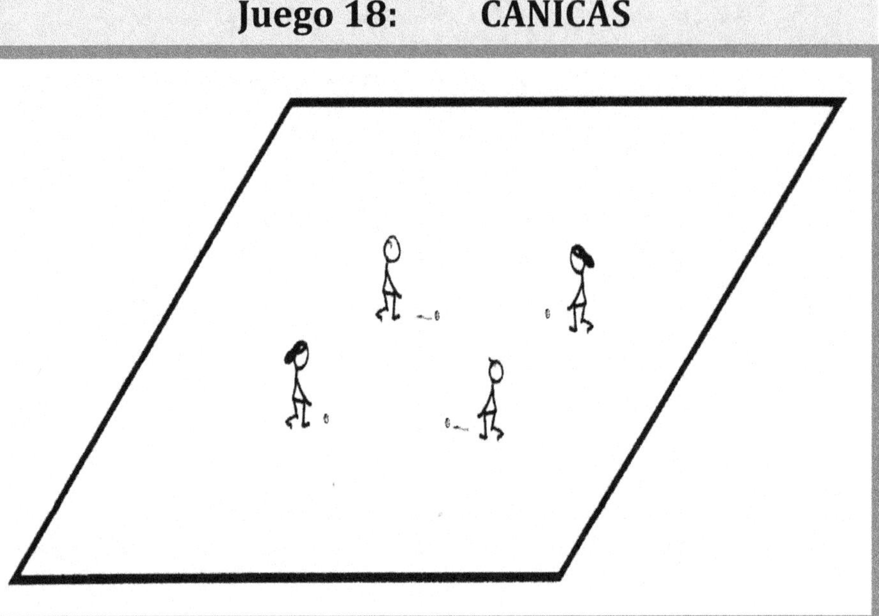

DESCRIPCIÓN:

Se enfrentan por parejas dos participantes, donde colocarán una canica a una distancia acordada. Deberán lanzar dicha canica para intentar golpear a la del participante rival. Gana quién consiga derribar o tocar la canica rival.

VARIANTE:

Se realiza un circuito motriz, donde al terminar se jugará al juego descrito contra su rival. Se realiza por tiempos, de tal manera que ganará aquel que trascurrido el tiempo determinado haya conseguido más victorias. Posibilidad de hacerlo por equipos.

VARIANTE MATEMÁTICA:

El participante únicamente podrá lanzar su canica después de resolver correctamente una operación o problema matemático dado.

Juego 19:   POLICÍAS Y LADRONES

DESCRIPCIÓN:

Los participantes son divididos en dos equipos: policías y ladrones. Los policías deberán atrapar a los ladrones, los cuales serán llevados a una zona predeterminada que será la cárcel.

VARIANTE:

Modificar la forma de desplazamiento (un solo apoyo o a pata coja; saltando con los dos pies; imitando a animales; haciendo skipping; carrera lateral; carrera lateral cruzando pies; etc.).

VARIANTE MATEMÁTICA:

Los ladrones, para poder salir de la cárcel deberán solventar correctamente una operación o problema matemático dado.

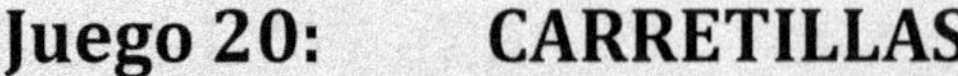

Juego 20:   CARRETILLAS

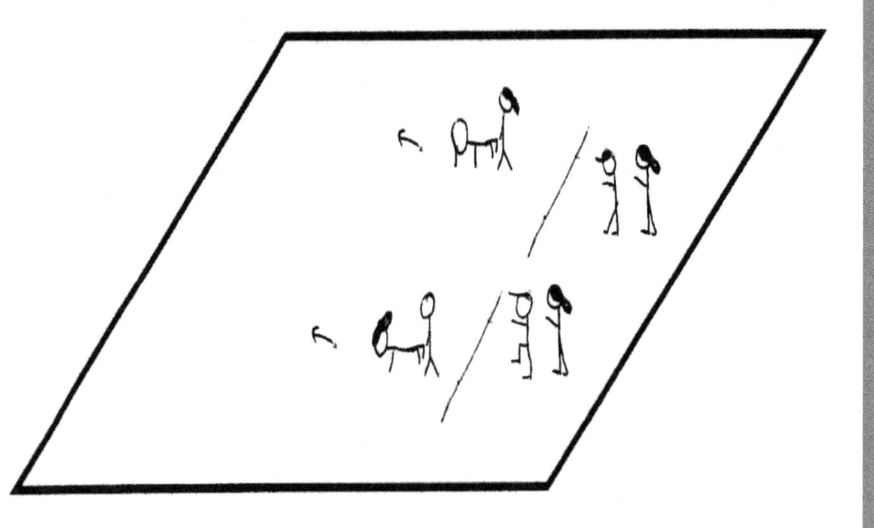

DESCRIPCIÓN:

Por parejas, un participante de pie agarrando los tobillos de su pareja, la cual sólo podrá tener en contacto con el suelo las manos (entre ambos forman la figura de una carretilla). Se realizarán carreras de relevo por equipos.

VARIANTE MATEMÁTICA:

Antes de salir, cada pareja en la forma descrita anteriormente, deberán solventar un problema u operación matemática.

Juego 21: LA PÍDOLA

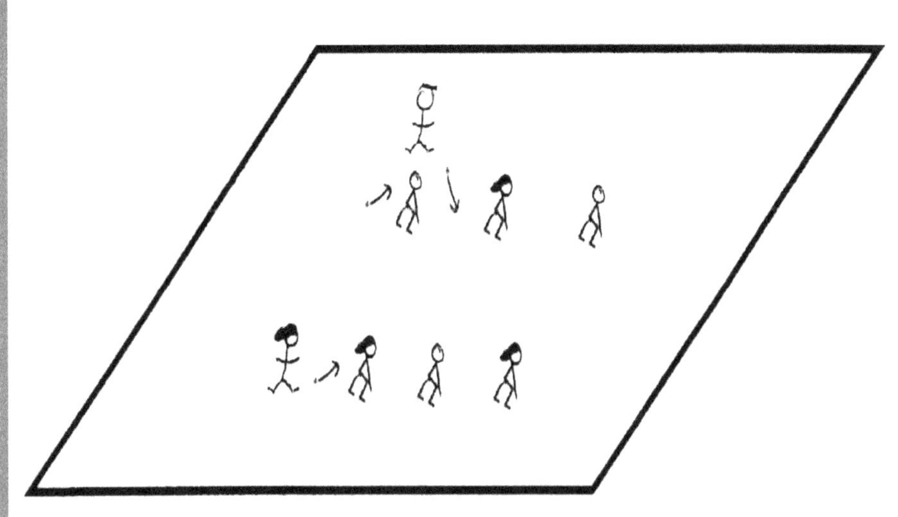

DESCRIPCIÓN:

Un miembro del grupo se coloca flexionando el tronco con los codos apoyados en las rodillas y protegiéndose la cabeza con las manos. Otro miembro deberá saltar con las piernas abiertas y apoyándose con las manos en la espalda del participante descrito anteriormente. Se trata de realizar una carrera para conseguir avanzar de la forma descrita y llegar a un punto marcado antes que el equipo rival.

VARIANTE MATEMÁTICA:

Al llegar a la zona marcada y para conseguir punto, el equipo deberá solventar un problema u operación matemática. Ganará el equipo que llegue a una puntuación previamente establecida.

Juego 22:   MATAR / BALÓN PRISIONERO

DESCRIPCIÓN:

Dos equipos posicionados cada uno en campos consecutivos delimitados. Habrá un jugador de cada equipo colocado en el extremo del campo rival, por fuera de su delimitación (campo de los muertos). Los jugadores y jugadoras tratarán de eliminar a los jugadores contrarios, tratando de lanzarles la única pelota en juego para golpearles sin que toque previamente el suelo. Cuando es golpeado, el jugador y jugadora se dirige al extremo del campo rival.

VARIANTE:

Cada vez que se golpee con el balón a un rival, puede entrar un compañero o compañera que estaba en el campo de los muertos.

VARIANTE MATEMÁTICA:

Cada vez que un participante es enviado al campo de los muertos tiene la posibilidad de resolver un acertijo o razonamiento y volver mediante las normas descritas a su campo de juego.

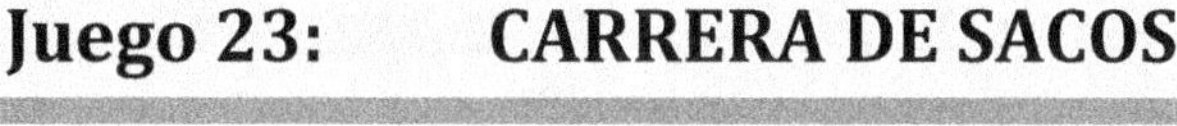

Juego 23:   CARRERA DE SACOS

DESCRIPCIÓN:

Cada participante se introducirá dentro de un saco. Se realiza una carrera de relevos donde todos los miembros de un grupo tendrán que realizar un recorrido y volver a su zona de partida de manera consecutiva uno detrás de otro.

VARIANTE MATEMÁTICA:

Antes de volver a la zona para ser relevado, cada participante deberá resolver correctamente un problema u operación matemática dada.

Juego 24:   GAVILÁN

DESCRIPCIÓN:

Se delimita el campo de juego y se coloca a uno de los participantes en el medio (el gavilán). Todos los demás participantes
saldrán desde una parte del terreno delimitado, para intentar
pasar al otro lado sin que el gavilán les coja. Este último, únicamente podrá moverse por la raya que delimita la mitad del
campo. Los que son cogidos por el gavilán, se unen a él hasta
que no queden más jugadores.

VARIANTE MATEMÁTICA:

Cada vez que un participante es cogido por el gavilán, tiene la
posibilidad de resolver un acertijo o razonamiento y volver
mediante las normas descritas a su campo de juego.

Juego 25: ELÁSTICO

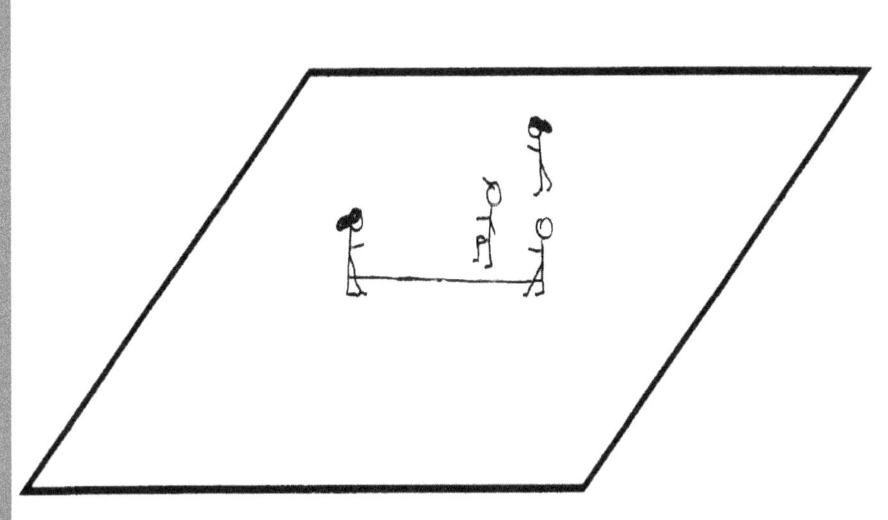

DESCRIPCIÓN:

Dos miembros del grupo se ponen en los extremos del elástico sujetándolo con las piernas ligeramente separadas dejando un espacio en medio para poder saltar. Otro miembro deberá realizar determinados ejercicios que podrán ser acompañados al ritmo de canciones. En el momento en que uno falla el ejercicio, pierde pasando a sujetar el elástico.

VARIANTE MATEMÁTICA:

División de todos los participantes en grupos de tres, cuatro o cinco, según determine el profesor. El mismo irá diciendo en voz alta formas geométricas que los participantes de cada grupo deberán formar con su elástico. Ejemplo: triángulo.

Juego 26: TELÉFONO

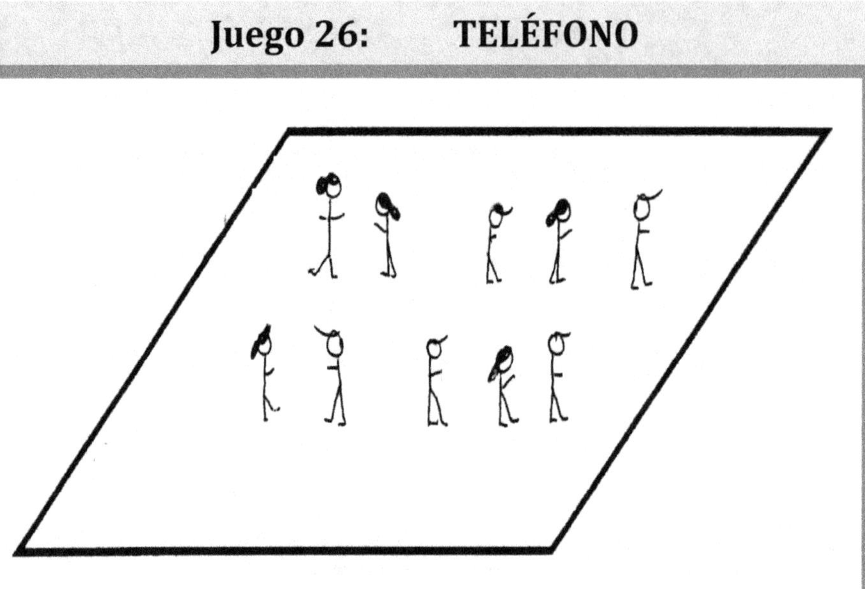

DESCRIPCIÓN:

Colocados los participantes en un círculo, comienza uno de ellos transmitiendo un mensaje al participante colocado justo al lado suya, una sola vez sin que el resto se enteren. Este mensaje irá pasando de un participante a otro, hasta llegar al último que deberá decir el mensaje.

VARIANTE MATEMÁTICA:

Colocados en fila con una separación de un metro de distancia entre compañeros, el último de la fila deberá avisar al precedente para que se dé la vuelta y mediante mímica transmitir un mensaje, una operación matemática. El último compañero y compañera en recibir dicho mensaje deberá además de decir el mensaje, realizar dicha operación.

Juego 27:   SILLETA DE LA REINA

DESCRIPCIÓN:

Formados entre los participantes grupos de tres, dos de ellos se entrecruzan las manos a modo de silla y el tercer participante (reina) se sienta en ellos pasando los brazos por el cuello de los dos que han formado la silla. Se comienza a caminar o correr mientras se canta la siguiente canción: "A la silleta la reina, que nunca se peina, un día se peinó, cuatro pelos se arrancó, uno, dos, tres, cuatro". Se van turnando el puesto ocupado por la reina, cuando se termina la canción o se hace un determinado recorrido.

VARIANTE MATEMÁTICA:

Se realizarán "memory races", en los que en formato de carrera de relevos tendrán que ir hacia una zona dada (desplazándose de la forma descrita) para memorizar un documento. En dicho documento aparecerá un problema u operación matemática que tendrán que dar solución en la zona de partida. Ganará el equipo que copie antes el texto y dé con la solución correcta.

Juego 28:   LAS CHINAS

DESCRIPCIÓN:

El juego consiste en coger una piedra con a mano y lanzarla hacia arriba. Simultáneamente a que la piedra esté en el aire, se coge otra del suelo. Con ambas piedras en la mano, se lanzan ambas hacia arriba y se coge una tercera piedra. Se repite la dinámica hasta llegar a 10 o hasta un número que se haya acordado. Si en algún momento se cae alguna de las piedras o se falla al recogerla, se pasa turno al siguiente.

VARIANTE MATEMÁTICA:

Para volver a participar, el discente que pierde turno deberá solventar un problema u operación matemática.

Juego 29: BOMBA

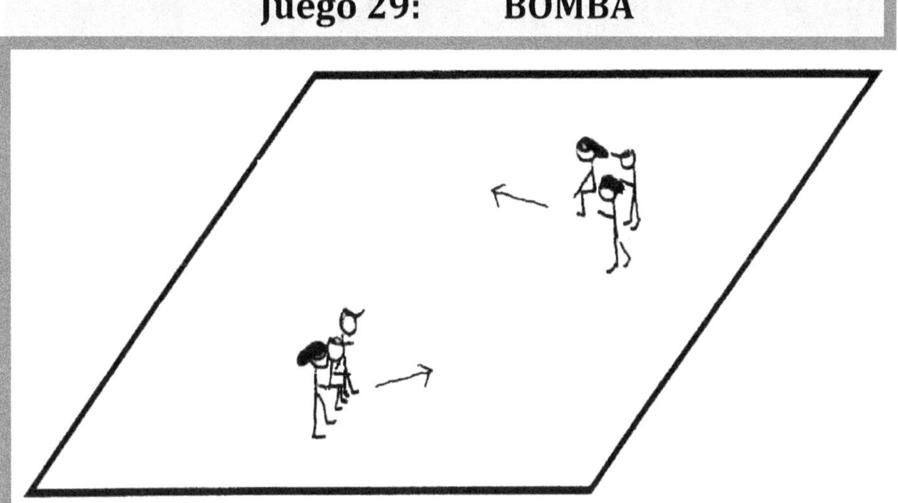

DESCRIPCIÓN:

Colocados los participantes en grupos de tres, dos de ellos portarán al tercero (bomba). Deberán recorrer la distancia máxima evitando que la bomba toque el suelo y volver a la zona de partida antes de que la bomba explote (15 segundos).

VARIANTE MATEMÁTICA:

La duración hasta que la bomba explote será calculada a partir de una operación matemática que el profesor dirá antes de comenzar cada serie del juego.

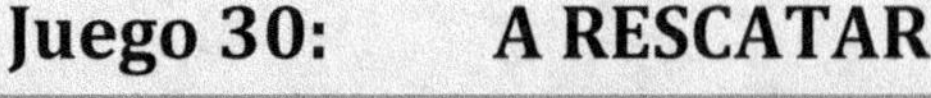

DESCRIPCIÓN:

Divididos los discentes en dos grupos, uno serán los encargados de intentar pillar a los otros que huyen. Los alumnos y alumnas que son cogidos, están en una zona delimitada. Para ser salvados deben ser tocados por un compañero o compañera de su equipo.

VARIANTE MATEMÁTICA:

Al terminar el ejercicio o cuando el profesor indique, se parará para la toma de frecuencia cardíaca. Dicha toma servirá para que el alumno tome conciencia de la intensidad del ejercicio en comparación con su frecuencia cardíaca máxima que deberán de calcular.

Además de los juegos desarrollados anteriormente, esta dinámica se podría llevar a cabo en los siguientes juegos populares y tradicionales:

- El látigo.
- Cazar salamanquesas.
- Tula.
- A la una mi mula.
- Agua.
- La peste en alto.
- La muralla china.
- El bote.
- La cadena.
- Stop.
- La rueda del alpargate.
- Piche.
- El triangulo sacar.
- El aro.
- El anillo.
- El corro.
- La trompa.
- Las palmadas.
- Estatua.
- Las sillas.
- Escondite.
- El chumbo.
- El reloj.
- Chapas.
- Tierra/Agua.

6. # ELEMENTOS TRANSVERSALES

En lo que respecta a este apartado, señalar como el Decreto 111/2016, en su Artículo 6, establece aquello relacionado con los elementos transversales del currículo.

6.1. EDUCACIÓN EN VALORES

Atendiendo a la Ley 17/2007, de 10 de diciembre, de Educación de Andalucía, en su Artículo 39, las actividades de las enseñanzas, en general, el desarrollo de la vida de los centros y el currículo tomarán en consideración como elementos transversales el fortalecimiento del respeto de los derechos humanos y de las libertades fundamentales y los valores que preparan al alumnado para asumir una vida responsable en una sociedad libre y democrática.

EDUCACIÓN PARA LA PAZ

A través de los juegos, y las relaciones socio-afectivas que se producen en ellos vamos a tratar de abordar dicho apartado. Durante todas las actividades que aparecen en el proyecto nos centraremos en la cooperación, haciendo ver al discente el conflicto como algo negativo. Además, mediante dichas actividades fomentaremos en nuestro alumnado el desarrollo de la capacidad de dialogar.

EDUCACIÓN PARA LA SALUD

Durante dicho proyecto, uno de los principales objetivos es que el alumnado, además de mejorar su capacidad matemática a través del movimiento, aprenda la importancia de la actividad física para su SyCV. Por lo tanto, se proponen una serie de juegos para que ellos mismos, de forma autónoma los puedan realizar en su tiempo de ocio.

EDUCACIÓN PARA LA IGUALDAD DE OPORTUNIDADES ENTRE AMBOS SEXOS

En cada uno de los juegos tradicionales y populares propuestos, se rechazarán desde un primer momento las actitudes sexistas. En todo momento, se producirá una modificación de los parámetros estructurales del juego para favorecer la participación de todo el alumnado. A través de los juegos cooperativos, se da igualdad de oportunidades y al combinar el trabajo matemático y el de EF, se permite que aquel alumnado al que se le dan peor las Matemáticas tenga posibilidades de éxito, y a aquel que tiene menor capacidad física pueda compensar con su capacidad matemática.

6.2. CULTURA ANDALUZA

En dicho apartado, nos centraremos en la Ley 17/2007, de 10 de diciembre, de Educación de Andalucía, la cual en su Artículo 40, señala que el currículo deberá contemplar la presencia de contenidos y de actividades relacionadas con el medio natural, la historia, la cultura y otros hechos diferenciadores de Andalucía, como el flamenco, para que sean conocidos, valorados y respetados como patrimonio propio y en el marco de la cultura española y universal.

Los contenidos propios de dicho proyecto, están directamente relacionados con la historia y la cultura de Andalucía. Es importante señalar que, en el transcurso del año académico, nos vamos a encontrar con una fecha clave:

- 28 de Febrero: Día de Andalucía. En nuestro centro educativo, se celebrará realizando actividades relacionadas con la historia y cultura andaluza. Desde el departamento de EF y, teniendo en cuenta los contenidos abordados en dicho proyecto, se llevarán a cabo una yincana de retos cooperativos con los juegos propuestos con anterioridad. Los alumnos y alumnas de cada curso se dividirán en grupos y deberá ir desarrollando los distintos retos matemático-populares colocados en distintas postas.

6.3. ACTIVIDADES PARA EL FOMENTO DE LA LECTURA, ESCRITURA Y EXPRESIÓN ORAL

En dicho proyecto se tiene en consideración el fomento de la lectura, por ello se establecen una serie de propuestas que permitan promover el desarrollo de la misma:

- Realizar el análisis de diferentes artículos o vídeos relacionados con los juegos populares y tradicionales, así como su importancia a lo largo de la historia en nuestra comunidad.

- A través del plan de lectura, el departamento facilitará libros sobre los juegos populares y tradicionales para que el alumnado tenga acceso a ellos.

- Durante el proyecto, nuestro alumnado participará en una feria de juegos populares y tradicionales, donde montarán stands de cada juego y tendrán que explicárselo al resto de alumnos y alumnas del centro.

- Mediante la lectura y comprensión de los distintos problemas matemáticos que aparecen en las distintas tareas presentadas, fomentaremos el desarrollo de la lectura en nuestro alumnado.

- A través de la puesta en común de cómo resolver cada uno de los retos cooperativos que durante la propuesta aparecen, nuestros estudiantes desarrollarán su capacidad de expresión oral.

- De la misma forma, mediante la resolución de conflictos que puedan aparecer a la hora de alguna de las competiciones, también estaremos contribuyendo al desarrollo de la expresión oral.

6.4. ACTIVIDADES PARA EL FOMENTO DE LAS TIC

De la misma forma que en el apartado anterior, a través de este proyecto contribuiremos al fomento del uso de las TIC:

- A través de un cuestionario al final del proyecto, nuestro alumnado deberá responder preguntas cuyas respuestas se encuentran en el blog de la materia.

- Emplearemos aplicaciones como Kahoot para realizar concursos los días de lluvia. Mediante estos concursos, se reforzarán conceptos sobre los juegos populares y tradicionales de Andalucía aprendidos.

- Durante la Yincana matemático-popular de juegos cooperativos, el alumnado encontrará en cada posta un código QR que al utilizar la app le mostrará el juego que tiene que realizar y su historia.

- Para juegos de azar en los que haya que utilizar un dado utilizaremos la app Dado, en dicha aplicación móvil los alumnos y alumnas simplemente con pulsar la pantalla lanzan un dado y pueden pasar a realizar la tarea que les toque.

- Utilizaremos cronómetros para calcular el tiempo que están realizando tanto una determinada actividad física como en el caso del juego de la comba en el que tendrán que controlar el tiempo que aguantan saltando de forma consecutiva.

7. PROPUESTA METODOLÓGICA

Una vez determinados los contenidos a trabajar con nuestro alumnado de 1º de ESO, debemos establecer cómo vamos a llevarlos a cabo mediante los métodos de enseñanza. En primer lugar, destacar que se abogará por una metodología de aprendizaje activa, participativa y basada en el protagonismo del alumnado. A lo largo de la historia, el enfoque metodológico ha ido variando, el cambio en las metodologías docentes implica también una evolución en la figura del estudiante, que pasa de ser una figura dependiente, receptiva, pasiva e individual, con respecto al proceso educativo a otra más autónoma, participativa, grupal y comprometida con los procesos de aprendizaje (Barrachina, 2009; Murillo, 2003).

Antes de analizar los distintos métodos y estrategias de aprendizaje utilizadas para el desarrollo de dicho proyecto, nos pararemos a definir cada uno de los términos con el fin de facilitar su comprensión.

Por un lado, según Alcoba (2012), un método de enseñanza es el conjunto de técnicas y actividades que un profesor utiliza con el fin de lograr uno o varios objetivos educativos, que tiene sentido como un todo y que responde a una denominación conocida y compartida por la comunidad científica.

Por otro lado, Ferreiro (2006), considera que el concepto de estrategia de enseñanza ha sido transferido al ámbito de la educación en el marco de las propuestas de "enseñar a pensar" y de "aprender a aprender". También, explica que las estrategias son el sistema de actividades, acciones y operaciones que permiten la realización de una tarea con una calidad requerida. El empleo de una estrategia nos orienta al objetivo, nos da una secuencia racional que permite economizar tiempo, recursos y esfuerzo, y lo más importante, nos da la seguridad de lograr lo que queremos obtener y de la manera más adecuada para ello.

Siguiendo a Contreras (2010), durante dicho proceso de enseñanza-aprendizaje nos podemos basar en estrategias de enseñanza, de entre ellas podremos utilizar:

→ **Autoenseñanza:** con dicha estrategia le daremos autonomía al alumnado para que aprenda por sí mismo. Un ejemplo lo tenemos en el juego de los bolos, en los que el alumnado partirá del análisis de la habilidad del lanzamiento y una posterior contrastación del resultado.

→ **Aprendizaje entre iguales:** se basa en la ayuda mutua entre compañeros para llevar a cabo el aprendizaje. Como ejemplo, esta situación nos la encontramos cuando un alumno o alumna que domina alguno de los juegos, trata de explicárselo a sus compañeros, y de asegurarse que lo realizan correctamente.

→ **Aprendizaje Cooperativo:** la siguiente estrategia didáctica busca que un grupo de alumnos unan sus capacidades y destrezas para lograr un objetivo común. Un ejemplo lo tenemos en la variante matemática del elástico, en la que cada grupo deberá llegar a un acuerdo para formar una figura geométrica.

→ **Aprendizaje basado en proyectos**: dicha estrategia didáctica se presentará durante todos los juegos planteados, ya que en cada uno de ellos trabajaremos de forma interdisciplinar las Matemáticas y la EF como recurso para mejorar el proceso de enseñanza-aprendizaje.

→ **Comunidad de Aprendizaje:** en la siguiente estrategia didáctica toman importancia las familias. En nuestro proyecto implicaremos a los mayores de la casa, dándoles la labor de enseñar a sus hijos/as y nietos/as juegos tradicionales y populares con los que ellos jugaban y se divertían en la calle.

→ **Aprendizaje servicio:** con dicha metodología colaboraremos socialmente con la residencia de la tercera edad de la localidad. Nuestro alumnado acudirá a dicha residencia con el fin de poner en práctica algunos de los juegos populares y tradicionales aprendidos con los miembros de dicho lugar.

En esta misma línea, Fernández (2016), aporta otra serie de modelos que nos pueden ser de utilidad a la hora de llevar a cabo nuestro proyecto en el marco escolar:

EDITORIAL WANCEULEN

→ **Comprensivo en la iniciación deportiva:** será abordado mediante juegos como el balón prisionero o matar, en el que los alumnos entienden aspectos tácticos del juego y las habilidades necesarias para llevarlos a cabo.

→ **Responsabilidad Personal y Social:** mediante juegos cooperativos como la carrera de relevos con sus variantes matemáticas y el aprendizaje servicio en la residencia de la tercera edad, contribuiremos a dicho modelo, ya que nuestro alumnado desarrollará valores implícitos en la sociedad.

→ **Estilo actitudinal:** en dicho modelo buscamos que el alumnado experimente motrizmente experiencias de carácter positivo. Un ejemplo de la puesta en práctica de dicho modelo sería el juego un, dos, tres, pollito ingles donde cada alumno al pararse puede realizar cualquier figura, pudiendo realizar movimientos libremente.

8. PROPUESTA DE EVALUACIÓN

Una vez establecidos los contenidos a desarrollar durante el proyecto, los métodos y las estrategias de enseñanza, resulta importante determinar algunas formas de evaluación de los mismos.

En primer lugar, definiremos el concepto de evaluación, tomando como referencia a Blázquez (2010), la evaluación no es un fenómeno puntual que cierra el circuito de enseñanza, sino un proceso continuo que acompaña y ayuda al alumnado en su aprendizaje.

Según la Orden del 14 de julio de 2016, por la que se desarrolla el currículo correspondiente a la Educación Secundaria Obligatoria en la Comunidad Autónoma de Andalucía y se regulan determinados aspectos de la atención a la diversidad y se establece la ordenación de la evaluación del proceso de aprendizaje del alumnado, la evaluación tiene que tener un carácter continuo, formativo, integrador y diferenciador.

La actual concepción curricular regulada por la Ley Orgánica 8/2013, de 9 de diciembre, para la mejora de la calidad educativa, toma los criterios de evaluación como los referentes para valorar los aprendizajes adquiridos por el alumnado en cada materia. Centrándonos en el curso al que dirigimos nuestro proyecto y la materia de EF y Matemáticas, los criterios de evaluación, recogidos en la Orden de 14 de julio de 2016, que deben de adquirir durante dicho curso académico son:

Tabla 29. Criterios de evaluación de EF para 1º ESO.

CRITERIOS DE EVALUACIÓN DE EDUCACIÓN FÍSICA PARA 1º DE ESO
1. Resolver situaciones motrices individuales aplicando los fundamentos técnico-tácticos y habilidades específicas, de las actividades físico-deportivas propuestas en condiciones adaptadas. CMCT, CAA, CSC, SIEP.
2. Interpretar y producir acciones motrices con finalidades artístico-expresivas, utilizando técnicas de EC y otros recursos, identificando el ritmo, el tiempo, el espacio y la intensidad. CCL, CAA, CSC, SIEP, CEC.
3. Resolver situaciones motrices de oposición, colaboración o colaboración-oposición, utilizando las estrategias más adecuadas en función de los estímulos relevantes. CMCT, CAA, CSC, SIEP.
4. Reconocer los factores que intervienen en la acción motriz y los mecanismos de control de la intensidad de la actividad física, como la frecuencia cardiaca y la frecuencia respiratoria aplicándolos a la propia práctica y relacionándolos con la salud. CMCT, CAA.
5. Participar en juegos para la mejora de las capacidades físicas básicas y motrices de acuerdo con las posibilidades personales y dentro de los márgenes de la salud, mostrando una actitud de interés por la mejora y relacionando los fundamentos de la higiene postural con la salud. CMCT, CAA.
6. Identificar las fases de la sesión de actividad físico-deportiva y conocer aspectos generales del calentamiento y la fase final de la sesión, participando activamente en ellas. CMCT, CAA, CSC.
7. Reconocer las posibilidades de las actividades físicas y artístico-expresivas como formas de inclusión social facilitando la eliminación de obstáculos a la participación de otras personas independientemente de sus características, colaborando con las demás personas y aceptando sus aportaciones. CAA, CSC, SIEP.
8. Reconocer las posibilidades que ofrecen las actividades físico-deportivas como formas de ocio activo y de utilización responsable del entorno, facilitando conocer y utilizar espacios urbanos y naturales del entorno próximo para la práctica de actividades físico-deportivas. CMCT, CAA, CSC.
9. Controlar las dificultades y los riesgos durante su participación en actividades físicas y artístico-expresivas, conociendo y respetando las normas específicas de las clases de EF. CCL, CSC.
10. Utilizar las TIC en los procesos de aprendizaje, para buscar, analizar y seleccionar información relevante, elaborando y compartiendo documentos propios. CCL, CD, CAA.
11. Participar en AFMN y urbano, como medio para la mejora de la SyCV y ocupación activa del ocio y tiempo libre. CMCT, CAA, CSC, SIEP.
12. Recopilar y practicar juegos populares y tradicionales de Andalucía. CCL, CD, CAA, CSC, CEC.
13. Redactar y analizar una autobiografía de actividad física y deportiva. CCL, CD, CAA.

CRITERIOS DE EVALUACIÓN DE MATEMÁTICAS PARA 1º DE ESO

Tabla 30. Criterios de evaluación Matemáticas para 1º de ESO (Bloque 1).

BLOQUE 1. PROCESOS, MÉTODOS Y ACTITUDES EN MATEMÁTICAS
1. Expresar verbalmente y de forma razonada el proceso seguido en la resolución de un problema. CCL, CMCT.
2. Utilizar procesos de razonamiento y estrategias de resolución de problemas, realizando los cálculos necesarios y comprobando las soluciones obtenidas. CMCT, SIEP.
3. Describir y analizar situaciones de cambio, para encontrar patrones, regularidades y leyes matemáticas, en contextos numéricos, geométricos, funcionales, estadísticos y probabilísticos, valorando su utilidad para hacer predicciones. CMCT, SIEP.
4. Profundizar en problemas resueltos planteando pequeñas variaciones en los datos, otras preguntas, otros contextos, etc. CMCT, CAA.
5. Elaborar y presentar informes sobre el proceso, resultados y conclusiones obtenidas en los procesos de investigación. CCL, CMCT, CAA, SIEP.
6. Desarrollar procesos de matematización en contextos de la realidad cotidiana (numéricos, geométricos, funcionales, estadísticos o probabilísticos) a partir de la identificación de problemas en situaciones problemáticas de la realidad. CMCT, CAA, SIEP.
7. Valorar la modelización matemática como un recurso para resolver problemas de la realidad cotidiana, evaluando la eficacia y limitaciones de los modelos utilizados o construidos. CMCT, CAA.
8. Desarrollar y cultivar las actitudes personales inherentes al quehacer matemático. CMCT, CSC, SIEP, CEC.
9. Superar bloqueos e inseguridades ante la resolución de situaciones desconocidas. CAA, SIEP.
10. Reflexionar sobre las decisiones tomadas, aprendiendo de ello para situaciones similares futuras. CAA, CSC, CEC.
11. Emplear las herramientas tecnológicas adecuadas, de forma autónoma, realizando cálculos numéricos, algebraicos o estadísticos, haciendo representaciones gráficas, recreando situaciones matemáticas mediante simulaciones o analizando con sentido crítico situaciones diversas que ayuden a la comprensión de conceptos matemáticos o a la resolución de problemas. CMCT, CD, CAA.
12. Utilizar las TIC de modo habitual en el proceso de aprendizaje, buscando, analizando y seleccionando información relevante en Internet o en otras fuentes, elaborando documentos propios, haciendo exposiciones y argumentaciones de los mismos y compartiendo éstos en entornos apropiados para facilitar la interacción. CMCT, CD, SIEP.

Tabla 31. Criterios de evaluación Matemáticas para 1º de ESO (Bloque 2).

BLOQUE 2. NÚMEROS Y ÁLGEBRA
1. Utilizar números naturales, enteros, fraccionarios, decimales y porcentajes sencillos, sus operaciones y propiedades para recoger, transformar e intercambiar información y resolver problemas relacionados con la vida diaria. CCL, CMCT, CSC.
2. Conocer y utilizar propiedades y nuevos significados de los números en contextos de paridad, divisibilidad y operaciones elementales, mejorando así la comprensión del concepto y de los tipos de números. CMCT.
3. Desarrollar, en casos sencillos, la competencia en el uso de operaciones combinadas como síntesis de la secuencia de operaciones aritméticas, aplicando correctamente la jerarquía de las operaciones o estrategias de cálculo mental. CMCT.
4. Elegir la forma de cálculo apropiada (mental, escrita o con calculadora), usando diferentes estrategias que permitan simplificar las operaciones con números enteros, fracciones, decimales y porcentajes y estimando la coherencia y precisión de los resultados obtenidos. CMCT, CD, CAA, SIEP.
5. Utilizar diferentes estrategias (empleo de tablas, obtención y uso de la constante de proporcionalidad, reducción a la unidad, etc.) para obtener elementos desconocidos en un problema a partir de otros conocidos en situaciones de la vida real en las que existan variaciones porcentuales y magnitudes directa o inversamente proporcionales. CMCT, CSC, SIEP.
7. Utilizar el lenguaje algebraico para simbolizar y resolver problemas mediante el planteamiento de ecuaciones de primer grado, aplicando para su resolución métodos algebraicos o gráficos y contrastando los resultados obtenidos. CCL, CMCT, CAA.

Tabla 32. Criterios de evaluación Matemáticas para 1º de ESO (Bloque 3).

BLOQUE 3. GEOMETRÍA
1. Reconocer y describir figuras planas, sus elementos y propiedades características para clasificarlas, identificar situaciones, describir el contexto físico, y abordar problemas de la vida cotidiana. CCL, CMCT, CAA, CSC, CEC.
2. Utilizar estrategias, herramientas tecnológicas y técnicas simples de la geometría analítica plana para la resolución de problemas de perímetros, áreas y ángulos de figuras planas. Utilizando el lenguaje matemático adecuado expresar el procedimiento seguido en la resolución. CCL, CMCT, CD, SIEP.
6. Resolver problemas que conlleven el cálculo de longitudes y superficies del mundo físico. CMCT, CSC, CEC.

Tabla 33. Criterios de evaluación Matemáticas para 1º de ESO (Bloque 4).

BLOQUE 4. FUNCIONES
1. Conocer, manejar e interpretar el sistema de coordenadas cartesianas. CMCT.

Tabla 34. Criterios de evaluación Matemáticas para 1º de ESO (Bloque 5).

BLOQUE 5. ESTADÍSTICA Y PROBABILIDAD
1. Formular preguntas adecuadas para conocer las características de interés de una población y recoger, organizar y presentar datos relevantes para responderlas, utilizando los métodos estadísticos apropiados y las herramientas adecuadas, organizando los datos en tablas y construyendo gráficas para obtener conclusiones razonables a partir de los resultados obtenidos. CCL, CMCT, CAA, CSC, SIEP.
2. Utilizar herramientas tecnológicas para organizar datos, generar gráficas estadísticas y comunicar los resultados obtenidos que respondan a las preguntas formuladas previamente sobre la situación estudiada. CCL, CMCT, CD, CAA.
3. Diferenciar los fenómenos deterministas de los aleatorios, valorando la posibilidad que ofrecen las matemáticas para analizar y hacer predicciones razonables acerca del comportamiento de los aleatorios a partir de las regularidades obtenidas al repetir un número significativo de veces la experiencia aleatoria, o el cálculo de su probabilidad. CCL, CMCT, CAA.
4. Inducir la noción de probabilidad a partir del concepto de frecuencia relativa y como medida de incertidumbre asociada a los fenómenos aleatorios, sea o no posible la experimentación. CMCT.

Durante dicho proceso podremos emplear distintos modelos de evaluación para valorar la adquisición de los criterios de evaluación anteriormente citados. Ureña (2004), señala distintos modelos, de entre todos ellos nosotros le daremos especial importancia a los siguientes:

- **Evaluación por el profesor:** en el que seremos los docentes los que tomemos las decisiones y valoremos el trabajo desarrollado por el alumno. Por ejemplo, en el juego del pillar, valoraremos que el alumno se implique y se desplace activamente por el terreno, siendo los profesores los principales responsables de esta evaluación.

- **Coevaluación:** en el que tanto el profesor como el alumno son parte activa de la evaluación. En juegos como la carrera de relevos, el profesor mediante una rúbrica podrá ir evaluando al alumnado y, a la vez, ellos mismos mediante una lista de control comprobando que van cumpliendo con todos los aspectos a desarrollar.

- **Autoevaluación:** tras concienciar al alumnado de la importancia de ser crítico en la evaluación, la podremos poner en práctica. En este modelo, el alumnado deberá ser responsable y al final de la Unidad Didáctica Integrada (a partir de ahora UDI) o de la sesión, valorar su trabajo.

- **Evaluación del docente y del proceso:** al final del proceso de enseñanza-aprendizaje de estos contenidos, daremos al alumnado la posibilidad de valorar su experiencia. Le daremos especial importancia a aspectos como: qué juegos le han resultados más divertidos; la sensación en relación a la experiencia de trabajar la materia de Matemáticas junto a la EF o los juegos en los cuales ha tenido más dificultad. Dicho modelo se emplea con el fin de mejorar el proceso de enseñanza-aprendizaje.

Tras establecer los criterios de evaluación y los modelos que nos van a servir de medio para valorar el aprendizaje adquirido por nuestro alumnado, pasamos a destacar los principales instrumentos que se van a llevar a cabo para la evaluación de los juegos tradicionales y populares propuestos: registro anecdótico; lista de control; escala de clasificación; registro de acontecimientos; cronometraje y rúbrica.

A continuación, pasamos a ejemplificar algunos de estos instrumentos empleados durante nuestra práctica docente:

Rúbrica como instrumento para evaluar el juego del balón prisionero o matar:

Tabla 35. Instrumento para evaluar el juego del matar (Rúbrica).

	ÓPTIMO	ADECUADO	SUFICIENTE	INSUFICIENTE
NORMAS	Conoce y respeta las normas del juego sin entrar en debate con el adversario.	Conoce y respeta las normas del juego pero en ocasiones quiere ganar puntos para su equipo sin que le pertenezcan.	Conoce las normas del juego pero en ocasiones no muestra juego limpio.	No conoce las normas del juego.
TRABAJO EN EQUIPO	Prefiere jugar en equipo que ser siempre el protagonista.	Procura jugar en equipo la gran mayoría de las ocasiones.	Juega en equipo solo en determinadas ocasiones.	No pretende jugar en equipo.
IMPLICACIÓN	Muestra atención y concentración durante el juego, siendo parte activa del mismo.	Se implica en el juego aunque en ocasiones se distrae.	Participa en el juego pero decide cuando intervenir de forma directa.	No muestra interés en participar.

Lista de control para evaluar el juego de la comba:

Tabla 36. Instrumento para evaluar el juego de la comba (Lista de Control).

	SI	NO
Respeta las normas del juego y a sus compañeros		
Valora la importancia que tiene este juego		
Utiliza las habilidades motrices básicas requeridas para este juego		
Fomenta el trabajo en equipo entre su grupo		
Se preocupa por que el resto de sus compañeros aprendan		

Registro anecdótico para evaluar el juego de la carrera de relevos:

Tabla 37. Instrumento para evaluar el juego de carrera de relevos (Registro Anecdótico).

UDI:	SESIÓN:		FECHA:
NOMBRE Y APELLIDOS:			CURSO:
ASPECTOS A OBSERVAR		COMENTARIO	
RESPETA LAS NORMAS			
TRABAJA EN EQUIPO			
ANIMA A SUS COMPAÑEROS			
IMPLICACIÓN			
VALORA EL JUEGO			

9. PROPUESTA DE ACTIVIDADES COMPLEMENTARIAS Y EXTRAESCOLARES

En primer lugar, destacar que la Orden de 14 de julio de 1998, establece las actividades complementarias y extraescolares y los servicios prestados por los centros docentes públicos no universitarios.

En segundo lugar, el Decreto 6/2017, de 16 de enero, regula los servicios complementarios de aula matinal, comedor escolar y actividades extraescolares, así como el uso de las instalaciones de los centros docentes públicos de la Comunidad Autónoma de Andalucía fuera del horario escolar.

Antes de centrarnos en la propuesta de actividades complementarias y extraescolares que se pueden llevar a cabo con los contenidos planteados en dicho proyecto, se hace necesario destacar las principales diferencias entre las actividades complementarias y extraescolares:

Tabla 38. Diferencias entre actividades complementarias y extraescolares.

ACTIVIDADES COMPLEMENTARIAS	ACTIVIDADES EXTRAESCOLARES
Son en horario escolar.	Se realizan fuera del horario lectivo.
Son evaluables.	No son evaluables.
Son de carácter obligatorio.	Son de carácter voluntario.

A continuación, pasamos a desarrollar alguna de las actividades complementarias y extraescolares, relacionadas con los juegos populares y tradicionales y la materia de Matemáticas que pueden llevarse a cabo:

Tabla 39. Propuestas de actividades complementarias y extraescolares.

ACTIVIDAD	DESCRIPCIÓN
INTERCENTRO OLIMPIADAS MATEMÁTICO-POPULARES	En dicha actividad, nuestros estudiantes acudirán a la localidad vecina, en ella se encontrarán alumnado de distintos centros de la zona para disfrutar de una jornada de convivencia. En dicha jornada, realizarán competiciones de distintas actividades lúdicas practicadas en clase. Al finalizar las competiciones se realizará un medallero al que irán subiendo los distintos grupos ganadores de cada juego.
VISITA A UNA RESIDENCIA DE LA TERCERA EDAD	En la visita a la residencia de la tercera edad de nuestra localidad, nuestro alumnado pondrá en práctica y jugará a algunos de los juegos desarrollados con anterioridad con los miembros de dicha residencia. En dicha actividad, se llevará a cabo el modelo de Aprendizaje Servicio.
RECREO ACTIVO MATEMÁTICO-POPULAR	Al llevar a cabo dicha propuesta, se pretende desarrollar unos recreos activos en los que se realicen competiciones de juegos como el balón prisionero, poniendo en marcha las variantes matemáticas. En cada clase se harán equipos y durante los recreos se llevarán a cabo las competiciones, todas ellas, coordinadas por el departamento de EF, Matemáticas y estudiantes voluntarios de 1º de Bachillerato.
FERIA MATEMÁTICO-POPULAR	Durante los últimos días del primer trimestre, nuestro alumnado desarrollará unos stands matemáticos-populares en los que explicarán a los alumnos de distintos cursos las características de estos juegos. El alumnado de dichos cursos, irá pasando por cada stand en el que recibirá una explicación del juego y, posteriormente, lo pondrá en práctica.
YINCANA DE RETOS COOPERATIVOS	En el día de Andalucía, 28 de febrero, en el patio del centro escolar realizaremos una yincana de retos cooperativos formada por alguno de los juegos propuestos en nuestra batería.

10. CONCLUSIÓN

Como se ha podido comprobar a lo largo de este proyecto, la EF y las Matemáticas son materias que deben ir de la mano para mejorar, involucrar, motivar, estimular y beneficiar a nuestros alumnos y alumnas. El vehículo que se ha elegido en este caso, ha sido los juegos populares y tradicionales andaluces; centrándonos en el primer curso de la ESO por competencias curriculares directas y que han sido plasmadas en el apartado correspondiente.

El trabajo interdisciplinar de las materias referidas, EF y Matemáticas, supone una fuente de motivación extra para el alumnado, potenciando así una mejor adquisición y consolidación de competencias matemáticas y motrices. Este trabajo de relación entre materias, tiene además en común que presenta un lenguaje universal. En ambas materias utilizan un conjunto de signos y normas propias que, no importa en qué ámbito o lugar del mundo lo utilicemos, el receptor del mensaje logrará entender aquello que intentemos transmitir. Es por ello que, resulta primordial el trasladar a la comunidad educativa el gran potencial que tiene la interconexión entre ambas áreas.

Por otra parte, si a este trabajo interdisciplinar le unimos la vertiente lúdica, el juego, los beneficios para el alumnado se potencian de manera notoria. El juego ha sido durante mucho tiempo, no sólo un medio de ocupación del tiempo libre o de ocio; sino que traen consigo una connotación educativa importante. Si además utilizamos, como es nuestro caso, los juegos populares y tradicionales andaluces, realizamos una aportación cultural con la que paliar el daño que está realizando hoy día la irrupción de las TIC. Con propuestas como las expuestas en este proyecto, contribuimos a la conservación de los juegos populares y tradicionales de nuestra comunidad y le damos a nuestro alumnado herramientas para poder jugar a los mismos de forma autónoma.

Dicho todo ello, es evidente la necesidad de aumenta el número de horas de EF a la semana para que, tanto alumnos como alumnas, se beneficien de los trabajos intrínsecos que traen sinergias como las presentadas en este trabajo.

Dados los beneficios demostrados y la viabilidad de dicho trabajo interdisciplinar, como prospectivas de futuro se pueden llevar a cabo trabajos entre el área de EF y otras como pueden ser la Física.

Por último, y por cerrar el presente proyecto, es menester destacar que la principal función y objetivo que se ha pretendido tener, es ofrecer una herramienta de trabajo donde, buscando sinergias con la materia de Matemáticas y de la mano de los juegos populares y tradicionales, se mejoren competencias del alumnado de una manera creativa, proactiva e innovadora.

11. REFERENCIAS BIBLIOGRÁFICAS

Alcoba, J. (2012). La clasificación de los métodos de enseñanza en educación superior. *Contextos Educativos. Revista de Educación.*

Alsina, Á. (2001). Matemáticas y juego. *Uno: Revista didáctica de las matemáticas*, 26, 111-119.

Alsina, Á. (2012). Hacia un enfoque globalizado de la educación matemática en las primeras edades. *Uno*: *Revista de didáctica de las Matemáticas*, 80, 7-24

Antón, E. (2011). Juegos y deportes populares y tradicionales. *Pedagogía Magna*, 11, 98-108.

Alvarez, C., Pesce, C., Cavero, I., Sanchez, M., Martínez, J. A., Martinez, V. (2017). The effect of physical activity interventions on children's cognition and metacognition: A systematic review and meta-analysis. *Journal of the American Academy of Child & Adolescent Psychiatry*, 56(9), 729-738.

Baena, A., Ruiz, P. (2016). El juego motor como actividad física organizada en la enseñanza y la recreación. *EmásF: Revista Digital de Educación Física.*

Bantulà, J., Mora, J. M. (2002). *Juegos multiculturales. 225 juegos tradicionales para un mundo global.* Paidotribo. Barcelona.

Bañeres D., Bishop A., Cardona M., Comas I Coma O., Escuela Infantil platero y yo, Garaigordobil M., Hernandez T., Lobo E., Marrón M., Ortí J., Pubill B., Velasco A., Soler M., Vida T. (2008). *El juego como estrategia didáctica.* Grao. Barcelona.

Andreu, L., Sanz, M., Serrat, E. (2009). Una propuesta de renovación metodológica en el marco del Espacio Europeo de Enseñanza Superior: los pequeños grupos de investigación cooperativos. *Revista Electrónica de Investigación y Docencia*, 12 (3), 111-126.

Becerro, A., Torrebadella, X. (2013). *El joc tradicional i popular a l'escola primària: una proposta de l'educació física cap a la cessió d'autonomia.* REIRE. Barcelona.

Beck, M. M., Lind, R. R., Geertsen, S. S., Ritz, C., Lundbye, J., Wienecke, J. (2016). Motor-enriched learning activities can improve mathematical performance in preadolescent children. *Frontiers in human neuroscience*, 10, 645.

Benávidez, P. G., Moreno, J. C., Rodes, J. J., Cortell, J. M., Calzado, E. M. (2016). Valoración de las habilidades matemáticas básicas del alumnado de Biomecánica de la Actividad Física. Valoración de las habilidades matemáticas básicas del alumnado de Biomecánica de la actividad física. En: XIV Jornadas de Redes de Investigación en Docencia Universitaria. Investigación, innovación y enseñanza universitaria: enfoques pluridisciplinares (pp. 1003-1011). Alacant: Universitat d'Alacant, Institut de Ciències de l'Educació.

Blázquez, D. (1999). *La iniciación deportiva y el deporte escolar.* Inde. Barcelona.

Blázquez, D. (2010). La evaluación en Educación Física. En Carles González Arévalo (aut), Teresa Lleixá Arribas (aut). *Didáctica de la educación física.* Grao. Barcelona.

Calmels, D. (2004). *Juegos de crianza.* Editorial Biblos.

Alabarces, S. (2016). Juegos de crianza: el juego corporal en los primeros años de vida. *Revista Lúdicamente.*

Camerino, O. (2007). *Juegos deportivos recreativos.* Inde. Barcelona.

Cara, J. F., Utrilla, M. (2011). Juegos tradicionales adaptados al deporte del fútbol. *EmasF, Revista digital de Educación Física*, 2(12), 46-57.

CEJA (2007). Ley 17/2007, de 10 de Diciembre, de Educación de Andalucía.

CEJA (2016). Decreto 111/2016, de 14 de junio, por el que se establece la ordenación y el currículo de la Educación Secundaria Obligatoria en la Comunidad Autónoma de Andalucía.

CEJA (2016). Orden de 14 de julio de 2016, por la que se desarrolla el currículo correspondiente a la Educación Secundaria Obligatoria en Andalucía y se regulan determinados aspectos de la atención a la diversidad y se establece la ordenación de la evaluación del proceso de aprendizaje del alumnado.

CEJA (2017). Decreto 6/2017, de 16 de enero, regula los servicios complementarios de aula matinal, comedor escolar y actividades extraescolares, así como el uso de las instalaciones de los centros docentes públicos de la Comunidad Autónoma de Andalucía fuera del horario escolar.

Coll, C., Palacios, J., Marchesi, Á. (2001). *Desarrollo psicológico y educación.* Psicología de la educación escolar. Editorial Alianza. Madrid.

Contreras, O. (2001). *Iniciación deportiva.* Síntesis. Madrid.

Contreras, O. (2010). Estrategias didácticas en educación física. En González, C., Lleixa, T. (2010). *Didáctica de la Educación Física.* Ministerio de Educación. Secretaria del estado de Educación. Madrid.

Crespillo, E. (2010). El juego como actividad de enseñanza aprendizaje. Lectura: *Gibralfaro Estudios Pedagógicos*, 9 (86), 14.

De Greeff, J. W., Bosker, R. J., Oosterlaan, J., Visscher, C., Hartman, E. (2018). Effects of physical activity on executive functions, attention and academic performance in preadolescent children: a meta-analysis. *Journal of science and medicine in sport*, 21(5), 501-507.

Díaz, M., Rebollo, J. A. (1994). Una aproximación a los juegos populares. Universidad de Huelva. Huelva.

Díaz, J., Iranzo, S., Casado, M. A., Campos, M., Feltrer, J., Pérez, C. M., Guerras, A. (2009). El desarrollo de la competencia matemática a través de la Educación Física: del currículum al aula. En: //www.efdeportes.com/ Revista Digital - Buenos Aires - Año 13 - Nº 129.

Díaz, J. (2010). El desarrollo de la competencia Matemática desde la Educación Física. *Revista Aula de Innovación Educativa*, 189, 23-29.

Decroly, O., Buyse, R. (1923). Les applications américaines de la psychologie à l'organisation humaine et à l'éducation. Lamertin. Bruxelles. En: Cadavid, T. (1924). *Discolía de la pubertad*. Imprenta Oficial. Medellín.

Dorado, G. (2011). Unidad didáctica de juegos populares extremeños. *EMásF: Revista Digital de Educación Física, 2 (8),* 32-48.

Edel, R., Chong, I. S., López, J. S. (2013). La organización universitaria y el Síndrome de Burnout: el caso de una institución educativa en México. *Revista Res Non Verba*, 4 (4), 109-123.

Expósito, J. (2006). *El juego y deporte popular, tradicional y autóctono en la escuela.* Wanceulen. Sevilla.

Fernández, B., Arias, J.R. (2013). La expresión corporal como fuente de aprendizaje de nociones matemáticas espaciales en Educación Infantil. *Retos: nuevas tendencias en educación física, deporte y recreación*, (24), 158-164.

Fernández, J. (2016). Modelos pedagógicos en Educación Física: consideraciones teórico-prácticas para docentes. *Revista Española de Educación Física*, 413.

Ferreiro, R. (2006). *Estrategias didácticas del aprendizaje cooperativo.* Trillas. Madrid.

Fourez, G. (2008). *Cómo se elabora el conocimiento: la epistemología desde un enfoque socioconstructivista.* Narcea. Madrid.

García, C., Martínez, A. (2004*). El juego de las cuatro esquinitas del mundo.* Los libros de la catarata. Madrid.

García, R. (1974). Juegos y deportes tradicionales en España. *Textos Cátedra Universitarias de tema deportivo cultural. Universidad de Navarra*, 14, 54-111.

Garret, R., Dawson, K., Meiners, J., Wrench, A. (2018). Creative body-based learning: redesigning pedagogies in mathematics. *Journal for Learning though the Arts*, 14(1).

Giménez, A. M., López, G., Sierra, B. (2009). Competencias básicas: sobre la exclusión de la competencia motriz y las aportaciones desde la Educación Física. *Retos. Nuevas tendencias en Educación Física, Deporte y Recreación*, (16), 51-57.

Giménez, A. M., Fernández, J. (2010). Los juegos tradicionales infantiles: un marco privilegiado para el trabajo interdisciplinar y competencial. *Tándem: Didáctica de la educación física*, (33), 67-76.

Heinemann, K. (2002). Esport per a immigrants: instrument d'integracio? *Apunts. Educació Física i Esports*, 68, 24-35.

Herrador, J. A. (2011). Los juegos tradicionales en la filatelia: estudio praxológico y multicultural de la actividad lúdica. *Revista acción motriz*. Asociación ACCAFIDE. Las Palmas de Gran Canaria.

Herrador, J.A. (2011). Los juegos populares y juguetes en las tarjetas de teléfono. *Revista Educación Física Renovar la Práctica. Biodecanato*, 123, 37-42.

Herrador, J. A. (2011). Cuando el juego se convierte en obra artística. *EmasF, Revista digital de Educación Física*, 2(10), 54-60.

Herrador, J. A. (2013). *Juegos populares y tradicionales a través de la filatelia*. Wanceulen. Sevilla.

Huizinga, J. (1972). *Homo Ludens*. Editorial Alianza. Madrid.

Huizinga, J. (1990). *Homo Ludens*. Editorial Alianza. Madrid.

Huizinga, J. (1998). *Homo Ludens*. Editorial Alianza. Buenos Aires.

Jiménez, E. (2006). La importancia del juego. *Revista digital, Investigación y Educación*, 3, 1- 11.

Jiménez, J. (2009). Los juegos tradicionales como recursos didácticos en la escuela. *Innovación y experiencias educativas*, 23, 1-17.

JUNTA DE ANDALUCÍA (1998). Orden de 14 de julio de 1998, la cual establece las actividades complementarias y extraescolares y los servicios prestados por los centros docentes públicos no universitarios.

Lavega, P. (1993). Análisis praxológico de los juegos tradicionales de competición y participación simultánea. *Apunts. Educació Física i Esports.*

Lavega, P. (2000). *Juegos y deportes populares y tradicionales*. Inde. Barcelona.

Lavega, P. (2007). El juego motor y la pedagogía de las conductas motrices. *Revista Conexões*, 5 (1), 27-41.

Le Boulch, J. (1991). *El deporte educativo*. Paidós. Barcelona.

Lleixá, T. (2007). Educación física y competencias básicas: contribución del área a la adquisición de las competencias básicas del currículo. *Tándem: Didáctica de La Educación Física.*

Lloyd, A. (2019). Thinking while moving in Maths. *Physical Activity and Health Conference.*

Martín, J. C. (2002). *Juegos tradicionales y deportes autóctonos de Castilla la Mancha*. Universidad de León. León.

Martínez, J. J. (2011). *Animación y recreación*. Inde. Barcelona.

EDITORIAL WANCEULEN

MECD (2013). Ley Orgánica 8/2013, de 9 de diciembre, para la Mejora de la Calidad Educativa.

MECD (2014). Real Decreto 1105/2014, de 2 de diciembre, por el que se establece el currículo básico de Educación Secundaria Obligatoria y de Bachillerato.

MECD (2015). Orden ECD/65/2015, de 21 de enero, por la que se describen las relaciones entre las competencias, los contenidos y los criterios de evaluación de la Educación Primaria, la Educación Secundaria Obligatoria y el Bachillerato.

Medina, A. (1987). *Juegos populares infantiles*. Miñon. Valladolid.

Méndez, A. y Fernández, J. (2011). Análisis y modificación de los juegos y deportes tradicionales para su adecuada aplicación en el ámbito educativo. *Retos: nuevas tendencias en educación física, deporte y recreación*, 19, 54.

Mendoza, M.; Edison Tarpuk, E. y Analuiza, A. (2017). Los juegos populares y su aporte didáctico en las clases de Educación física. *EmásF: revista digital de educación física*, (44), 79-93.

Mizrahi, E. (2006). Juegos tradicionales de los llanos venezolanos: La Zaranda. *Lecturas: Educación Física y Deportes: Buenos Aires*, Año 10, 94.

Moreno, J. (2002). *Aproximación teórica a la realidad del juego. Aprendizaje a través del juego.* Ediciones Aljibe. Málaga.

Moreno, C. (1992). *Aspectos recreativos de los juegos y deportes tradicionales en España.* Gymnos. Madrid.

Muñiz, L., Alonso, P., Rodríguez, J. (2014). El uso de los juegos como recurso didáctico para la enseñanza y el aprendizaje de las Matemáticas: estudio de una experiencia innovadora. *Revista Iberoamericana de Educación Matemática*, 39, 19-33.

Murillo, P. (2003). Formas de entender el aprendizaje de los estudiantes universitarios: teorías y modelos de aprendizaje adulto. En: Mayor Ruiz, C., Marcelo, C. (coord.). *Enseñanza y aprendizaje en la educación superior*. Editorial Octaedro. Barcelona.

Navacerrada, R. (2008). El juego tradicional en la escuela del siglo XXI. Madrid: *Revista Pedagógica ADAL*, 17, 15-23.

Nieto, S., Moro, M.A. (2018). Geometría en el gimnasio: una experiencia en los primeros cursos de Educación Primaria. *Edma 0-6: Educación Matemática en la Infancia*, 7(1), 63-81.

Paredes, J. (2002). Tesis doctoral. *El deporte como juego: un análisis cultural.* Universidad de Alicante. Alicante.

Paredes, J., Rodrigo, E. (2020). Las matemáticas a través del área de Educación Física. *Emásf, Revista Digital de Educación Física.* 11(63), 36-59.

Parlebas, P. (1989). *Perspectivas para una Educación Física moderna.* Unisport. Málaga.

Parlebas, P. (2001). *Juegos, deporte y sociedad. Léxico de Praxiología motriz.* Paidotribo. Barcelona.

Parlebas, P. (2005). *Elementos de sociología del deporte*. Instituto Andaluz del Deporte. Málaga.

Pérez, M. C. (2011). El patio de recreo y los Juegos Tradicionales en la Educación Infantil. *Pedagogía Magna*, 11, 347-353.

Quintanilla, V., Farzaneh, D., Soler, C. (2018): Proyecto Roma. Proyectos interdisciplinares y comprensión en matemáticas. *Uno: Revista de Didáctica de las Matemáticas*, 80, 13-20.

Rebollo, J. (2002). Juegos populares una propuesta para la escuela. *Retos de nuevas tendencias en Educación Física, Deporte y Recreación (FEADEF). 3,* 31-36.

Rodríguez, A., Pérez, S., Sánchez, A., De Mena, J. M., Martínez, C. M., Pérez, A. (2018). Mates en chándal: unidad didáctica de Educación Física para 6º curso de educación primaria. *EmasF: Revista Digital de Educación Física*, 9 (51), 31-47.

Rodríguez, B., Búsca, F. (2018). El desarrollo de la competencia matemática desde la Educación Física: orientaciones para el diseño y la aplicación significativa de propuestas didácticas. *Tándem: Didáctica de la educación física*, 61, 66-72.

Rodríguez, L. J., Díaz, I. (2017). Colaboración interdisciplinar entre Matemáticas y Educación Física en Educación Primaria. VII Congreso Iberoamericano de Educación Matemática. Libro de Actas. ISBN 978-84-945722-3-4.

Ruiz, F., García, A., Gutiérrez, F., Marqués, J., Román, R., & Samper, M. (2008). *Los juegos en la motricidad infantil de los 3 a los 6 años*. Inde. Barcelona.

Sallán, J. G., Amigo, J. F. (2010). Enseñar Matemáticas con recursos de ajedrez. *Tendencias pedagógicas*, (15), 57-90.

Sánchez, I. (2009). *Teoría de juegos. Cuadernos metodológicos*. Centro de investigaciones sociológicas. Madrid.

Sánchez, N. (2013). *El juego y la Matemática. Juegos de Matemáticas para el alumnado del primer ciclo de Educación Primaria*. Trabajo fin de grado. Universidad de Valladolid.

Seirul.lo, F. (1999). *Valores educativos del deporte*. En: Blazquez, D. (2010). *La iniciación deportiva y el deporte escolar*. Inde. Barcelona.

Serrabona, M. (2001). El juego popular tradicional. Una opción actual al pensamiento único del deporte. *Revista Iberoamericana de Psicomotricidad y Técnicas Corporales*, 2, 29-40.

Torres, J. (2016). El juego en Educación Primaria. Aspectos teóricos. El juego como actividad física organizada en el siglo XXI. En: Saénz López, P., Díaz, M., Rebollo, J.A. (2016). *Vamos a jugar. El juego en primaria*. Servicios Publicaciones de la Universidad de Huelva. Huelva.

Trigo, E. (1994). Aplicación del juego tradicional en el currículo de Educación Física. *Aula de innovación educativa*, 44, 4-9.

EDITORIAL WANCEULEN

Trigueros, C. (2000). *Nuevos significados del juego tradicional en el desarrollo curricular de la Educación Física en Centros de Educación Primaria de Granada* (Tesis Doctoral). Granada: Diputación Provincial de Granada.

UNESCO. (1980). El niño y el juego. Planteamiento teórico y aplicaciones pedagógicas. *Lectura: Estudios y documentos de educación*, 34, 7.

Ureña, N. (2004). *Diseño y evaluación de un programa de intervención para el desarrollo de la habilidad básica de manejo de móviles en Educación Primaria.* Tesis doctoral no publicada. Universidad Católica San Antonio de Murcia. Murcia. España.

Van den Berg, V., Singh, A. S., Komen, A., Hazelebach, C., van Hilvoorde, I., Chinapaw, M. J. (2019). Integrating juggling with math lessons: A randomized controlled trial assessing effects of physically active learning on maths performance and enjoyment in primary school children. *International journal of environmental research and public health*, 16(14), 2452.

Vigne, M. (2011). Las actividades tradicionales de ocio como reflejo de una sociedad. *Revista acción motriz.* Las Palmas de Gran Canarias, 7, 62-76.

Vizuete, M. (1997). Bases teóricas de la Educación Física, En: Castejón, F.J., Cechini, J. A., Contreras, O. (1997). *Manual del maestro especialista en Educación Física.* Pila Teleña, Madrid.

Xue, Y., Yang, Y., Huang, T. (2019). Effects of chronic exercise interventions on executive function among children and adolescents: a systematic review with meta-analysis. *British Journal of Sports Medicine*, 53:1397-1404.

Yagüe, V. (2002). *Juegos de ayer y de siempre. Juegos populares tradicionales en Segovia.* Diputación provincial de Segovia. La factoría de ediciones S.L 1ª edición. Madrid.

Yonekura, T., Soares, C. B. (2010). El juego educativo como estrategia de sensibilización para recolección de datos con adolescentes. *Revista Latino-Americana de Enfermagem*, 18(5), 968-974.

12. ANEXOS

ANEXO 1: Reflexiones de matemáticos haciendo referencia a lo lúdico.

A continuación, se muestran una serie de frases que a lo largo de la historia han tenido relevancia y, las cuales, se encuentran directamente relacionadas con la temática que dicho proyecto.

- "Las matemáticas comienzan a parecerse demasiado a resolver un puzzle. La física también, pero son puzzles creados por la naturaleza, no por la mente del hombre". (Maria Goeppert Mayer).
- "No debería haber algo como matemáticas aburridas". (Edsger Dijkstra).
- "Incluso en los juegos de niños hay cosas para interesar al matemático más grande". (Gottfried Leibniz).
- "Las matemáticas son un juego que se juega de acuerdo a ciertas reglas con marcas sin sentido sobre el papel". (David Hilbert).
- "Las matemáticas son una gimnasia del espíritu y una preparación para la filosófica". (Isócrates).
- "El juego de la pelota es uno de los mejores juegos infantiles porque origina una carrera saludable. En general los mejores juegos son los que, además de desenvolver la habilidad, ejercitan también los sentidos". (Immanuel Kant).
- "Todos los aprendizajes más importantes de la vida, se hacen jugando". Francesco (Tonucci).
- "Nada enciende más la mente de un niño como jugar". (Dr Stuart Brown).
- "El juego es la forma más elevada de investigación". (Albert Einstein).
- "Sin matemáticas, no hay nada que puedas hacer. Todo a tu alrededor es matemáticas. Todo a tu alrededor son números". (Shakuntala Devi).
- "Profundiza lo suficiente en cualquier cosa y encontrarás las matemáticas". (Dean Schlicter).

- "No hay rama de la matemática, por lo abstracta que sea, que no pueda aplicarse algún día a los fenómenos del mundo real". (Lobachevski).
- "Mis matemáticas fueron un juego prodigioso a la orilla del misterio". (Isaac Newton).
- "El Ajedrez está más cerca de las Matemáticas que cualquier otra Ciencia". (A. Karpov).
- "El juego no sólo es aprendizaje de tal o cual técnica, de tal o cual aptitud, de tal o cual saber-hacer. El juego es un aprendizaje de la naturaleza misma de la vida que está en juego con el azar". (Edgar Morin).

ANEXO 2. ¿Sabías qué? Anecdotario.

En el siguiente anexo, se adjuntan una serie de anécdotas relacionadas con el proyecto y, las cuales, nos ha parecido interesante mostrar.

– Existe un centro educativo en la Comunidad de Madrid que se llama IES Matemático Puig Adam.

– El origen de las Carreras de Caballos de Sanlúcar de Barrameda es de carácter marinero y popular. Como forma dc divertirse, mientras esperaban las barcas pesqueras hacían competiciones de velocidad con caballos. Las primeras carreras se celebraron el 31 de agosto de 1845.

– Los bolos es un juego que se juega en todo el territorio nacional y tiene distintas modalidades como el Bolo Serrano Andaluz.

– En la Velá de Santa Ana (Sevilla), cada año, desde hace un siglo, los jóvenes juegan a la cucaña. Consiste en un juego en el que es necesario escalar, trepar, marinear sólo con la ayuda de brazos y piernas por un poste vertical u horizontal de aproximadamente 5 metros, dicho poster se embadurna con el fin de que resbale. El objetivo final es atrapar el premio que se encuentra en el extremo más distal del propio poste.

– Muchos equipos de fútbol profesionales y canteras de clubes de primer nivel utilizan el juego tradicional y popular para mejorar las capacidades de sus futbolistas.

– El escritor de Alicia en el país de las maravillas, Lewis Carroll, era matemático.

– En España la mayoría de los juegos tradicionales entraron a través del Camino de Santiago, un recorrido ideal para que los peregrinos trajeran juegos franceses, italianos y centroeuropeos a la Península.

– El Museo de Juegos Tradicionales, situado en el municipio de Campo, en Huesca, es el único museo de Europa en el que pueden verse representaciones y exposiciones del origen y la evolución de los juegos tradicionales, según ha indicado su director Fernando Maestro.

ANEXO 3: Definición de juegos tradicionales y populares de los niños.

En el siguiente anexo, mostramos algunas de las definiciones realizadas por alumnado de 1º de ESO de diferentes Institutos de Educación Secundaria. En dichos conceptos, observamos cómo la mayoría de los alumnos se centran en destacar que son elementos divertidos, que se juegan sin material costoso, propios de una región o que requieren ejercicio físico. En ningún momento estas definiciones hacen alusión a la posibilidad de estos juegos de desarrollar la capacidad matemática, con lo que dicho proyecto puede servir como punto de partida para cambiar esta concepción.

1. Los juegos tradicionales de Andalucía son aquellos juegos divertidos que se han ido utilizando desde hace mucho tiempo y que no se ha perdido la tradición.

2. Los juegos tradicionales son aquellos típicos de una región, en nuestro caso de Andalucía, en la que no es necesario el uso de juguetes sino que solo es necesario nuestro cuerpo o el empleo de materiales que podemos encontrar en nuestro entorno.

3. Los juegos populares son los juegos que se han practicado toda la vida, que se juegan sin necesidad de TIC, si no con el cuerpo u objetos de la naturaleza.

4. Los juegos populares y tradicionales son aquellos de toda la vida, a los que se jugaban sobre todo, ya que no había apenas juguetes.

5. Los juegos tradicionales y populares fueron creados por nuestros antepasados para divertirse y pasar el tiempo, debido a que no había TIC.

6. Son los juegos que conocemos gracias a la infancia de nuestros padres, madres, tíos, tías, etc.

7. Son juegos fáciles con material fácil de conseguir, con el único fin de divertirse. Aunque ahora no se juegan mucho se deben seguir manteniendo porque al fin y al cabo son parte de la tradición y cultura del país.

8. Son juegos que se han transmitido de generación en generación, transmitiéndose de forma oral.

EDITORIAL WANCEULEN

9. Son propios de cada zona, no necesitan TIC ni cosas complicadas y se suelen realizar en grupo. Generalmente nos lo enseñan nuestros padres o abuelos y muchas veces van relacionados con la música. Son al aire libre y requieren de ejercicio físico.

10. Son los juegos que siempre han entretenido a la gente sin necesidad de tener ningún tipo de materiales específicos para practicarlos. Hay algunos que sólo se juegan en algunas regiones.

www.ingramcontent.com/pod-product-compliance
Lightning Source LLC
LaVergne TN
LVHW080600200726

843510LV00004B/965